出土文字に新しい古代史を求めて

平川　南

同成社

秋田市秋田城跡漆紙文書「死亡帳」

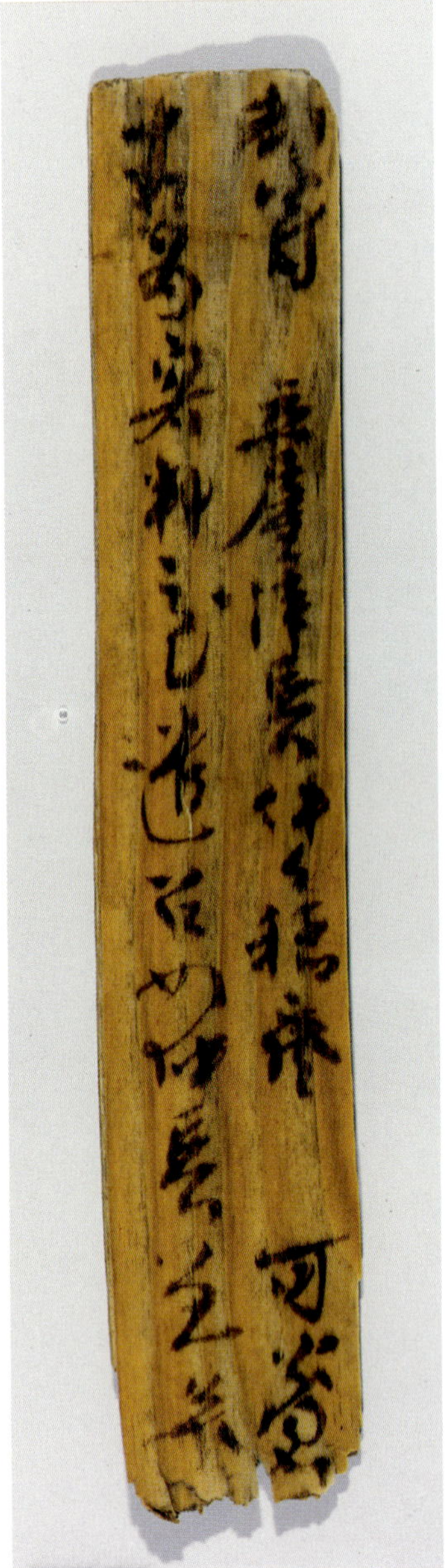

福島県いわき市
荒田目条里遺跡
出土の郡符木簡
(郡から港の責
任者宛の命令)

宮城県多賀城市山王遺跡出土墨書土器（9世紀）
「此の鬼の名は“中六鬼”と知れ」などの呪句を記す

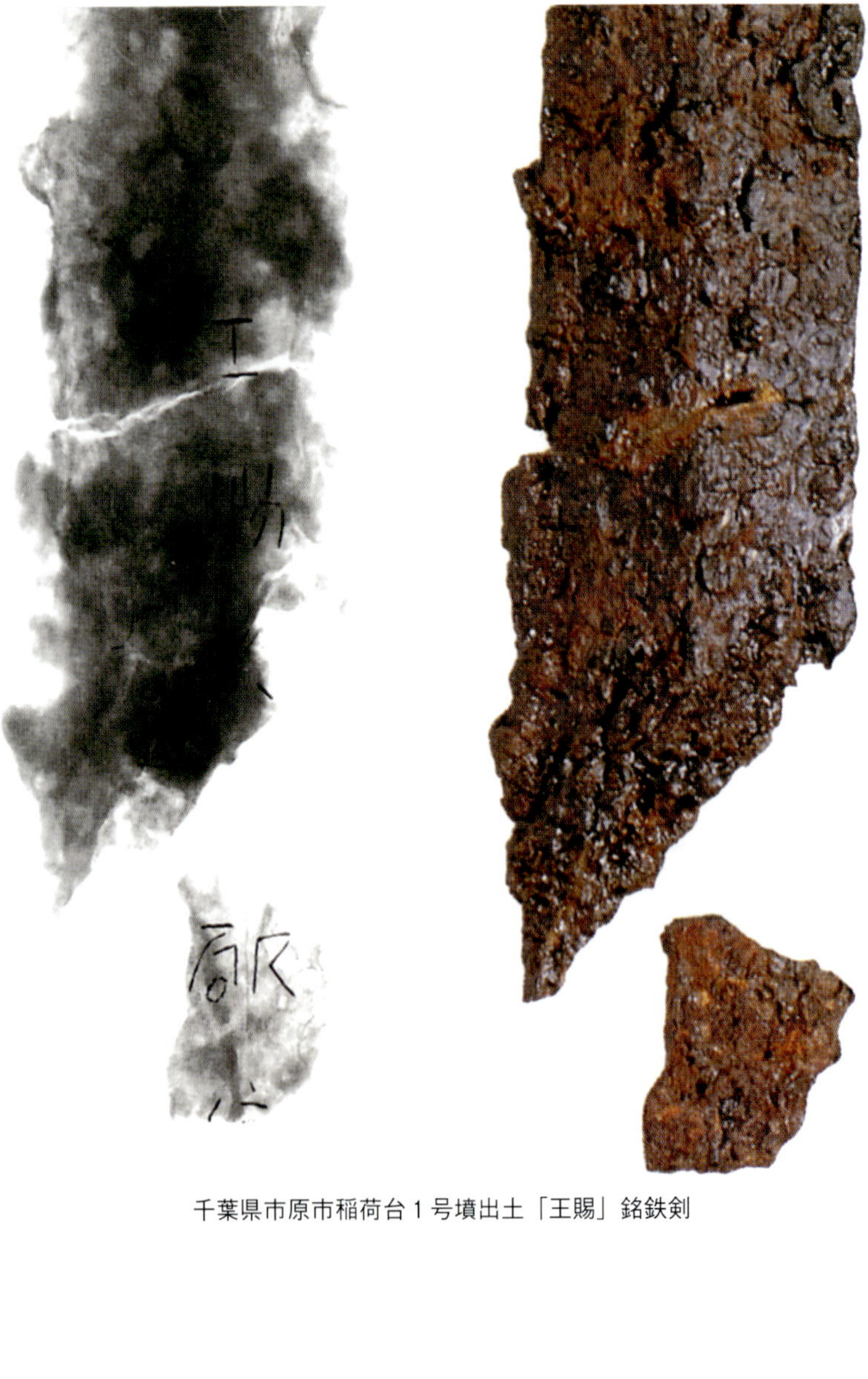

千葉県市原市稲荷台１号墳出土「王賜」銘鉄剣

現在の伊勢地方の「蘇民将来」の札（裏）

四方卅□大神龍王

七里□□内送々打々急々如津令

奈良県橿原市藤原京跡出土
呪符木簡の呪句「急々如津令」
（複製）

石川県津幡町加茂遺跡出土牓示札（前半部分）

太平洋・夏井川と磐城郡家周辺の風景

熊本県宇城市浄水寺の寺領を示す
石碑（左）と碑文部分（下）

はじめに

私はこれまで、高校教諭・発掘調査・博物館という現場を歩んできた。

そのなかで常に、現代社会にとっての課題とは何かを考え、また研究成果をどのように多くの人々に伝えるか、という作業を試みてきた。その実践の一つとして、研究成果のスタート時から新聞・雑誌などにその時々の想いをこめて発信してきた。

出土文字の発見時には、興奮のままに、その資料から新たな古代世界を描くなど…。

この書は、新聞・雑誌などに掲載された文章の中から、私の小さな歩みとして選んだものである。たどった道筋をありのままに伝えるために、加筆・訂正を最小限にとどめた。

また、内容を各章ごとにまとめたことにより、日付が前後するので、巻末の初出一覧を参照していただきたい。

本書に収めた小文の一つ一つが、新しい古代史への試みと、歴史を学ぶ意義についての私の考えを示している。

目次

序章　なぜ古代史か？

研究の原点

大学卒業後、高校教諭として三年間在職し、人とのふれあい、教育の大切さを経験したことが、私の研究の原点となり、現在もなお方向性を指し示してくれている。その職を辞し、古代史研究に歩みを進めようとしたとき、当時の考古学的成果を取り入れ組み立てられた古代史像には納得できず、自ら考古学の現場で学んでみたいと思った。そんな折、幸いにも、古代東北の行政・軍事の拠点であった多賀城の発掘調査に従事する機会を得た。

多賀城跡の発掘現場からは文字の記された土器・瓦・木簡そして漆紙文書などが相次いで出土し、それらを夢中で解読していくうちに、考古学と歴史学をつなぐ出土文字資料研究が私の役割ではないかと考えるにいたった。

正史とされる歴史書『日本書紀』『続日本紀』などは、国家側の立場から書かれたものであるが、各地の遺跡から出土する文字資料を解読し、歴史資料化できれば、地域社会からみた新たな国家像を明らかにできるのではないかと考えた。

古代国家はそのめざす中央集権国家の理想像を、有力な勢力が比肩し抗争した「内国」とされた地ではなく、未知なる辺境世界に求めたのではないか。いいかえれば、古代国家が理想とした姿は、辺境を〝鏡〟とすることでこそ、みえてくると考えた。

こうして十三年間の多賀城跡の発掘調査を通じて私の研究の展望が開けてきた。

一九九三（平成五）年七月、哲学者廣松渉氏の呼びかけで「日本の古代を問い直す」というテーマの座談会が催された。その中で廣松氏は「現代の日本が抱えているさまざまな社会的・精神的な問題を根本的に考え直すためには、日本の歴史をさかのぼって考える必要がある。特に出発点にあたる古代の歴史を、新しい現代的な視点に立って再検討することが重要ではないか」という趣旨のことを述べられた。その会は私にとって、自らの学問を考えるうえできわめて刺激的なものであった。

「古代を問い直す」試みの一つが、日本の歴史および現代社会における環境問題を、人と自然とのかかわりの歴史という視点から究明することである。自然環境の恵みと脅威が人間生活にどのように影響を与えたか、あるいはまた、人間が環境の改変を通じてどのような問題に直面し、どのように対処してきたかということを、古代から現代まで歴史的に、かつ総合的にみていくことである。

もう一つ重要なことは、歴史学へのアプローチとして、文献・考古・民俗・文学などの幅広い資料から歴史像を描くことである。

本書において、〝出土文字資料のさまざまな分析〟〝人と自然のかかわりの歴史〟などを通して、新しい古代史構築への多様な視点を提示したい。

再会を刻んだ印

一九九七年、国立歴史民俗博物館の企画展「古代の碑《いしぶみ》」に國學院大學の鈴木靖民さんはじめ教員・学生が大勢来館された。案内役の私が説明を終えたとき、教員の一人が「先生！高校のときの授業と変わらないですね」と話しかけてきた。名前を聞いた途端、真っ黒に日やけしたバレー部の佐野光一君を思い出した。

山梨県立身延高校は私が大学を出て初の赴任校であった。私は信念を貫いた結果、学校側の方針と対立し、三年目に仲間の一人と辞職した。ところが三十年ぶりに再会した佐野君から聞かされた顛末《てんまつ》は、驚くべきものであった。

佐野光一さんが彫ってくれた蔵書印

私たちの辞職後、生徒会は解散させられ、佐野君は卒業式で述べた答辞の中で、なぜ二人の教師を辞めさせたのかと学校側を糾弾したという。私は佐野君らに迷惑をかけた責任を感じるとともに私の行動を理解してくれたことへの感謝の思いで胸が熱くなった。

「佐野君」などと呼んでいるが、彼は今や國學院大の教授で書家であり、特に日本で屈指の篆刻《てんこく》家でもある。次の週に私が國學院大に出講したとき、大学の門で待っていてくれ、私の名を篆刻した四種類もの印を頂戴《ちょうだい》した。以後、文字研究を通じて交流が深まっている。流麗な文字の手紙をいただくたび、直接口頭で返事をする私である。

三十四年前の〝問い〟

身延高校の同級会に招かれ、夜の横浜港のクルージングを楽しんだ。三年間だけの教員生活だったが、私の研究姿勢の原点はそこにあったと、今思う。

時は大学紛争の真っただ中、高校にもその影響は及んだ。無我夢中で生徒と議論し、自分なりの教育を目指したが、結局、辞職した。上京し、六畳一間のアパートで、緊迫した社会情勢の中、懸命に闘う彼らに「先生はなぜ歴史学、それもなぜ古代史ですか」と問いつめられた。研究生活の第一歩を踏みだしたばかりの私は答えることができなかった。

常にその問いを心の中で反芻《はんすう》していた。東北の多賀城跡の発掘現場から出発し、古代史と考古学の接点となる遺跡から出土する文字資料の研究に専念する中、人と自然のかかわりを歴史学の立場から考えなければならないという思いが強くなった。各地域から掘り出される資料と、その地域の歴史を育んできた自然環境は、豊かな地域の歴史を語る重要な素材であり、地域振興の大きなエネルギーとなるという考えにいたった。

いま勤める人間文化研究機構では、人文科学がいかにあるべきかを問う毎日。研究を機会あるごとに社会に向けて発信しなければと思う。

横浜の港に船が着くころ、「先生の書いた本や新聞は欠かさず見ています」と何人かが言ってくれた。現代社会における歴史学研究の重要性を導きだしてくれた三十余年前の〝問い〟に感謝。

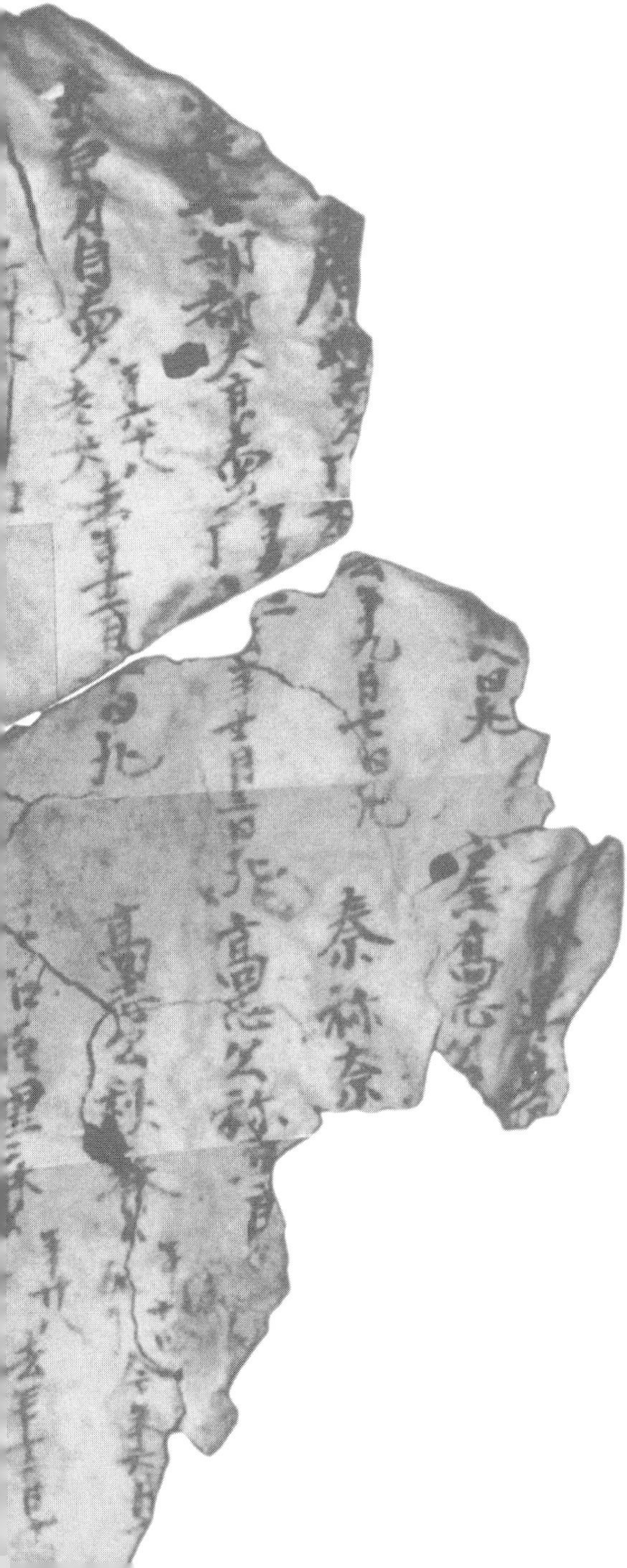

I 紙に記す

地下の「正倉院文書」

水をいっぱいに張ったシャーレの中へ顕微鏡用の強いライトを向けると、「子」「月」「開」「閉」とつぎつぎに文字が見えてくる。茶褐《かっ》色のまるで木の皮を思わせるような漆の付着した紙は、わずかに長さ六センチ、幅四センチぐらいの小さな破片だが、全面に文字が書かれている。文字を一字ずつ判読しながら、これはいったい、どんな文書の一部であるのかと頭の中で思いめぐらす。結局、この断片が古代の暦・具注暦《ぐちゅうれき》であることがわかった。今回の百点近い文書断簡のうちでも、私にとっては最も印象深いものの一つとなった。それは多分に自分の浅学を恥じるのであるが、文字をほぼ判読しながら、その文書の性格がつかめず、ただもどかしい日々を過ごしてしまったからである。それだけに具注暦とわかった時の喜びもひとしおであった。

この具注暦というのは、古代の暦で、日毎に吉凶・禍福などを注記したものである。中央で毎年十一月一日までに作成し、地方の役所（国府）にそれぞれ一巻ずつ配った。地方では国府のものをさらに郡が書写した。したがって、相当長い巻物となるが、今回出土のものはそのたった三日分の断片でしかない。それでも、現在、奈良時代のものは、わずかな断簡が奈良の正倉院に残っているだけで、地方から見つかったのは全く初めてで、具注暦作成のきまりが実行されていたことを証明する史料として重要である。

「弘仁十四年七月十一日」（八二三年）の年号や、人の名前を書きつらねた文書などがつぎつぎと判読されるにつれ、私はとてつもない貴重な資料に出合っていることに驚き、身が一段と引きしまる思いがした。

一九六一（昭和三十六）年に奈良の平城宮跡から木簡（文書などを小木片に書きしるしたもの）が出土し、地下に埋もれた新しい資料の提供はその後の古代史研究に計り知れない大きな影響を与えた。一九七八（昭和五十三）年現在では、全国各地の遺跡から木簡出土のニュースが飛びかい、約三万点近い数にのぼっている。それまでは、古代の歴史は「日本書紀」「続日本紀《しょくにほんぎ》」などの国が一定の目的をもって編さんした史料を中心として語られていた。地下からの木簡の出現は、当時の役所や人々の日常の生活の動きをいつわりなく伝えるものとして、行きづまりつつあった古代史研究に新しい道を切り開いた。特に木簡は、史料の少ない地方の歴史を説き明かす大きな手がかりを、研究者に確実に提供した。

わが国においては、紙と木簡はほとんど同じころから使用されていたようで、木簡は幅二～三センチ、長さ二〇～三〇センチぐらいの木片をちょっと削れば、すぐに書けるし、削りとれば再び書け、ぬれたり、破れたりする心配もなく、意外に広い用途をもっていたことが知られている。一方、紙は作るのに手間がかかるだけに当時は貴重であった。例えば、奈良時代後半ごろの米の売買価格が米一升で銭八文とすると、紙一枚が一文、ちなみに当時の雇用労働の日当は一日十文であったので、いかに紙が高価であったかがわかる。だから、紙は一回使用してもすてることなく、その裏を使って平気で休暇届の書類とした例もある。

このような奈良時代の紙に書かれた文書は正倉院に現存するくらいで、新たに発見されることはほとんどないとされていた。ましてや紙が地下から出土するなどということは考えられなかった。その意味で、多賀城跡出土の「漆紙」文書の発見は画期的出来事であった。加えて、その百点近いものほとんどがきわめて興味深い重要な内容を伝えていることを考えれば、今新たに「地下の正倉院文書」出現と学界で評価されたのもあながちオーバーなことではない。

さきの具注暦をはじめ、正倉院に残る文書の一紙に相当するような内容をもつものもある。その一つは、おそらく多賀城の陸奥国府に勤める書生が、ある月の二十一日から二十九日までの合わせて九日間勤務した日当として米を請求しているもの。また、胡簶（ころく＝やなぐい＝矢を盛って背に負う具）四百個や鞆（とも＝弓を射る際に、つるの打撃から左手首を保護する具）百個などの武器類を多賀城に運んできた送り状がある。

漆紙文書の出土状況（多賀城跡政庁西南部土坑跡）

仙台市霞目飛行場付近には近年まで碁盤の目のように区画した地割りの田が遺っていたが、今はほとんど失われてしまった。東北各地にも「一ノ坪」「二ノ坪」などの地名とともに、多く、遺構が知られている。これは条里制といって土地を六町（約六三四メートル）間隔で縦横に区切り、六町間隔の列を条、六町四方の一区画を里と呼んだ田の地割りのことである。そして、条里制は土地制度の基本であった班田《はんでん》収授法《しゅうじゅほう》（国家が土地を人々に分け与える制度）の前提であった。こうした制度が、当時の東北地方の陸奥国にも、当然あったであろうが、今までは地名や遺構からそれらしいと推測していたにすぎない。ところが、今回の文書の中に「○条○里」などと明らかに条里制がおこなわれている

漆紙文書実物写真

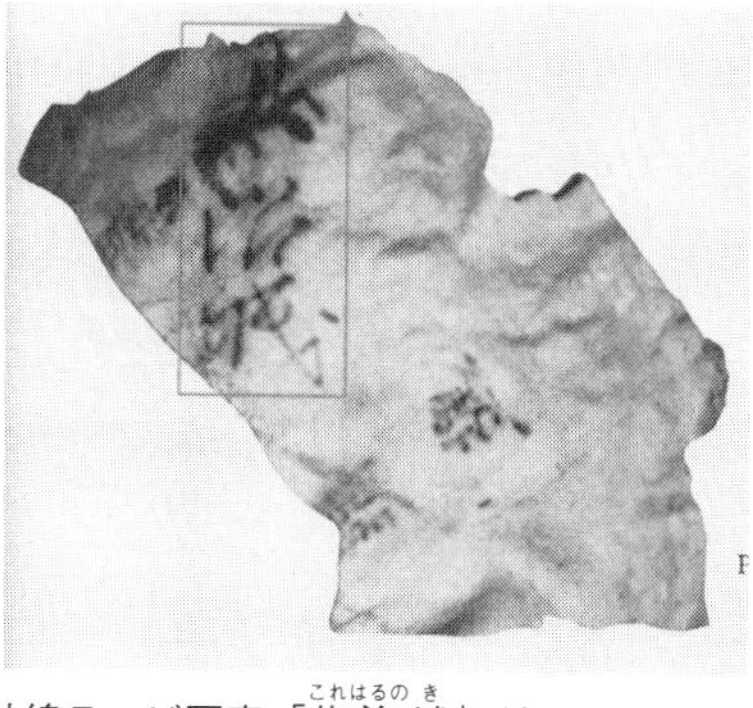

赤外線テレビ写真「此治《これはるの》城《き》」（多賀城跡漆紙文書）

ことを示す一連の史料も見える。

このようにどれ一つとってみても、八世紀後半の多賀城を中心とした東北の動きが生き生きと浮き彫りにされてくる。まさに、ベールにつつまれた歴史が一枚一枚はぎとられ、その真実の姿をあらわしてくるような感じさえする。今回の文書の発見は、全国各地で黙々と古代史解明に励む考古学・古代史関係者に、明るい希望を与えるものであると自負する。漆紙文書は漆の作業にともない使用され、残存したのであるから、この発見は決して偶然でも奇跡でもなく、まして多賀城だけの特殊性ではない。今後、各地からの出土ニュースの報告を首を長くして待ちたい。

漆紙文書発見顛末《てんまつ》記

漆《うるし》は、非常にデリケートな物質である。漆を塗る物体の面に手垢や指紋はもちろん、くしゃみをした瞬間、唾がわずかでもついたら、見た目にはきれいなように見えても、その上に上塗りをかけると、手垢・指紋・唾などの部分だけが正常に乾かない。しかし、いざ乾いたとなったら、今度はまた反対に、何をもってきてもびくともしないような強靭さがある。それは漆芸家松田権六《まつだごんろく》氏の言葉をかりれば、漆という「生物《いきもの》」のせいだという。その強靭さが、縄文時代の遺跡で数多くの漆器を遺存させたのである。泥水中に二千年浸っていた漆膜が化学的にどのくらい変質したかという実験では、表面の硬度や電気に対する絶縁力などがまったく変らなかったとされている（松田権六『うるしの話』、岩波書店、一九六四年）。

この漆の力により、古代の戸籍や暦、はたまた兵士の休暇届が二十世紀のいま、地下から発見されようとは誰しも想像すらしなかったであろう。高温多湿な日本の気候では、正倉院文書のように、倉のなかで良好に保存されてきたものは別として、文書を長く伝来することはむずかしい。まして、中国の乾燥地帯でしばしば見られるような地下からの文書の発見は、日本では望むべくもないと思われていた。

一九七〇年の夏、宮城県多賀城《たがじょう》跡政庁西南部の発掘調査で、難物にぶちあたった。西南部一帯に大規模な土壙《どこう》群があり、複雑に重なり合っていた。七八〇（宝亀十一）年の蝦夷《えみし》の反乱で政庁全域はことごとく焼失した。その後、復興事業は急ピッチで進められたらしく、焼けた瓦や土器など、政庁の片隅に手あたりしだいに、穴（土壙）を掘り、投げ込んだのであろう。

連日の干天続きで、乾ききった地面に張りついた皮状の遺物を、その土壙の一つから発見した。刷毛で丁寧に土を取り除いてみると、三〇センチ四方以上もある。みな一様に「なんだろう？」と首をかしげたが、とにかく慎重に取り上げておこうということになった。その不可解な遺物は皮製、品として土を付けたまま整理箱に収納され、プレハブ倉庫の片隅に置かれ、しだいに忘れ去られてしまった。

次の機会が再び訪れた。一九七三年、政庁地区の西方約三五〇メートル地点のまたしても土壙内から、土師器《はじき》杯の内部に付着した状態で同様のものが出土した。

現場から調査員の一人が青ざめた顔で、事務所に駆け込んできた。手にした土器のなかにはちょうど〝サルノコシカケ〟状のものが付着している。「文《も》……、文字《もじ》が書いてあるんですよ！」と手渡された土器をのぞいて、一瞬、わが眼を疑った。墨痕鮮かに、鋭い筆致で人名そして年齢が連記されているではないか。瞬間、頭の中は〝正倉院文書の世界〟に入った感がした。「戸籍かな、計帳（住民台帳）かな。どちらだろう?」土器の口径約一五センチの内に文書断簡の大きさは縦約九センチ、横十三センチで、わずか六行しか記されていない。しかし、行を読み進めると、「別項」の文字が目に飛び込んできた。戸籍と計帳を見分ける決め手となる「別項」が記載されていた。「別項」とは、各戸の末尾に戸口《ここう》の異動を記入したもので計帳の大きな特徴である。二重の〝ラッキー〟である。

しかし、不幸なことに、墨痕の保存がよく、肉眼で容易に読みとれ、しかも計帳という内容の見事さのために、付着している物質は何か、なぜ遺存したかという疑問をもつ機会を逆に失ってしまっ

多賀城跡出土の漆紙文書「計帳」断簡

た。計帳が紙以外のもの、皮などに書かれるはずがない。だから、プレハブ倉庫に保管されている〝皮製品〟に思い及ばなかったのである。保存と内容の見事さが次なる疑問を想起させなかったとは、何とも皮肉なこととしかいいようがない。

そして、調査はまた何事もなかったかのように黙々と続けられた。しかし、その後の調査のたびに、政庁西南部で発見した〝皮製品〟と類似のものが、小さな断片だが、しばしば出土した。

計帳発見から五年後、同僚が苦心の末、それらの断片の中から「月」の一文字を発見した。八年前の皮製品にも文字があるのではないかと、やっとその関連に気づかせ、さらになぜ、こんな形で遺存したのかなどと、次から次へと考えを発展させたのである。こうして漆と紙の関係が説き明かされたのである。桑原滋郎氏をはじめとする考古学者の〝もの〟に対する執着ははた目にも凄まじいばかりであった。

漆の摩訶不思議《まかふしぎ》の一端は冒頭に触れたとおりである。漆はほこりやちりを極度に嫌う。また、急激な乾燥も避けなければならない。漆塗りの作業で、常に漆を良好な状態に保つために、和紙を漆液の表面に密着させてふたをするのである。これを〝ふた紙〟とよぶ。〝ふた紙〟は塗り作業の時にはずされて捨てられる。しかし、漆が浸み込み、すっかりコーティングされた紙は、漆の力により、地下にあっても腐食することはない。紙が地下に遺る所以《ゆえん》である。

ところで、当時紙は貴重品で、人夫の賃金が一日九〜十文であったのに対し、経紙（写経用紙）一枚が二文、凡紙（普通の紙）一枚が一文もしたのである。そこで、漆工人の用いる〝ふた紙〟は多くの場合、役所の公文書の反故《ほご》を使用したのである。そのため、〝ふた紙〟の発見は、新たな古代文書の出現へとつながるのである。

水を張ったシャーレの中へ顕微鏡用の強いライトをあてて文字の解読をおこなった。いまは赤外線テレビカメラの威力に全面的に負っているが、当時はこの新兵器の存在すら知らなかった。水中に置くことによって、表面の乱反射を防ぐことができ、解読しやすかったのである。わずかに約五センチ四方の小さな破片だが、全面に文字が見える。文字を一字ずつ判読しながら、これはいったい、どんな文書の一部であるのかと思いめぐらす。

結局、この断片は、多賀城が焼失した宝亀《ほうき》十一年の暦であることがわかった。漆紙文書発見の契機となった文書であるとともに、多賀城跡の百点近い文書断簡のうち、最初に解読できたもので、私にとってはもっとも印象深いものの一つとなった。これをきっかけに、いよいよ本格的に政庁西南部の漆紙の調査にとりかかった。

「大領外正六位上勲十等丈部……」「胡禄《ころく》四百枚　鞆《とも》一百巻……」などと次々に文書の解説が進んだ。読み終えるたびに同僚の意見を求め確認していった。墨痕の薄い文字は朝からじっと見ていて、やっと夕方読めることもあった。見事に文書一点を解読し終えた夜は、きまって酒盛りである。『続日本紀』などに基づいて語られてきた多賀城は、何かいかめしい城郭だけが強烈な印象を与えていたが、当時の役所や人々の日常の生活の動きを物語るこの文書解読により、無味乾燥ともいえる多賀城像に、ちょうど清水が浸透してゆき、生気を与えたようにさえ感じた。漆紙文書は調査員全員に、酒とともに活力を与え、連日夜遅くまで館の灯は消えることがなかった。

こうして悪戦苦闘の末、全点数の約半分の文字を確認するまでに約三カ月を要した。わずかな墨痕を手がかりに肉眼で解読する作業はそこで限界となった。その後、赤外線テレビカメラが導入され、ほぼ全点を解読し、公表したのは一九七八年六月であった。公表直後の新聞の文化欄で、私は次のようにその意義を結んだ。

どれ一点をとってみても、八世紀後半の多賀城を中心とした東北の動きが生き生きと浮き彫りにされてくる。まさに、ベールにつつまれた歴史が一枚一枚はぎとられ、その真実の姿を現わしてくるような感じさえする。そして、今回の文書の発見が全国各地で黙々と古代史解明に励む考古学・古代史関係者に、明るい希望を与えるものであると自負する。それは、今回の「漆紙」文書は漆の作業にともない使用され、残存したのであるから、決して偶然でも奇跡でもなく、まして多賀城だけの特殊性ではない。今後、各地からの出土ニュースの報告を首を長くして待ちたい。

この予測どおり、その後、東日本各地を中心として、茨城県石岡市鹿の子C遺跡の約三百点、岩手県水沢市胆沢《いさわ》城跡の約五〇点など、現在までに約三〇遺跡で検出され、いまや木簡・墨書土器などとならんで、新しい古代史資料として注目されるにいたっている。

漆紙文書発見の苦心談をという注文であったが、私にとっては、実に楽しく、浅学ゆえしばしば遠まわりをして解読した汗顔の想いを除けば、愉快な思い出ばかりである。また、この仕事を通じて、文献史学と考古学との共同作業を身をもって体験できたことと、自らの古代史研究の方向性を確認できたことは無上の喜びであり、終生忘れえぬ仕事であった。

古代の暦—岩手・胆沢城跡出土の漆紙文書—

青森に向かって北上する国道四号は、岩手県南部で水沢市佐倉河の方八丁といわれる地の方形に広がる遺跡を、南東から北西に縦断している。その遺跡は古代国家の東北地方支配の拠点「鎮守府」が置かれた胆沢城《いさわじょう》の跡である。胆沢城は古代の有名な坂上田村麻呂が八〇二年（延暦二十一）に築いたものである。奈良時代後半から平安時代初めにかけて、現在の宮城県北部から岩手県南部一帯を舞台に、政府軍と政府に従わないことから蝦夷《えみし》と蔑称された人々との間で激しい戦いがくり返された。両者とも長期の戦いに疲れ、田村麻呂の登場で戦いは一応終止符が打たれた。胆沢城が造営されたのはその直後である。

胆沢城跡の発掘調査は一九五四年に始まり、一九七四年以降、水沢市教育委員会によって継続的調査が実施され、これまでに、遺跡のまわりを方形（一辺六五〇メートル）にめぐっている現在の道路が、胆沢城の外回りの土塀の遺構であることや、中心部分の政庁地区の様子などが明らかになった。最近は、政庁の周辺に広がる実務官庁へ鍬《くわ》が入れられたが、昨年、政庁北東の官庁地区で、「舟窪《ふなくぼ》」という入り江状の地形に面した高台一帯が調査された結果、予想どおり、この地区の中心的建物は北の「舟窪」に向かって建てられ、「舟窪」が胆沢城への物資搬入の舟着き場であることが確かめられた。そして、この地区の北東隅にある幅二十五センチの小さな溝跡からは、思いがけない遺物が発見された。まず、その遺物の状態を簡単に説明しよう。

遺跡から調査員によって慎重に取り上げられた遺物は、茶褐色のごわごわとした感じで、一見するとなめし皮のようである。これは、漆塗りの作業で、和紙を漆液の表面に密着させ、漆の硬化・乾燥を防ぐために〝ふた紙〟として用いた時に、漆がしみこみ、腐らずに地中に遺存した、いわゆる漆紙である。漆紙文書は、一九七八年、宮城県の多賀城跡で発見されて以来、全国各地の遺跡で相ついで出土しており、その遺跡数はすでに十五を数えている。

さて、一九八一（昭和五六）年に発見された漆紙文書の内容は具注暦《ぐちゅうれき》で、古代のわが国では、暦は中央の陰陽師（うらない師）によって毎年十一月一日までに翌年の暦が作られ、巻物仕立てにして中央の役所と諸国の国府にそれぞれ一巻ずつ配布された。このように、暦自体は全くの官製であり、それぞれの役所に備えつけられ、諸行事はこの暦の吉凶などに照らし合わせながら、日取りなどを決めたらしい。今と違って、古代の暦は役所や貴族がもっぱら使用するもので、庶民の生活とは縁遠いものだったのである。

出土した暦の断片は曲物《まげもの》容器に入れられた漆液の〝ふた紙〟の形をよく残し、最大径一六・五センチで、一枚の紙の表と裏にそれぞれ五日分の、合わせて一二四文字が赤外線テレビカメラによって読みとれる。何年何月とは書かれていなかったが、季節の分かれ目を示す「立冬十月節・水始氷」「立夏四月節・螻蟈《あまがえる》鳴」などの語句を手がかりにして、表は延暦二十二年（八〇三）九月下旬、裏は延暦二十三年（八〇四）四月上旬の暦であることをつきとめることができた。この暦の断片から全体を推定復元すれば、一年分では七メートルを超す長さになる。そして、延暦二十二年九月と同二十三年四月の二年分の暦が表裏に認められるのは、まず表に正月から十二月までの暦を右から順に書き連ね、次に裏返しにして、同じ方向に翌年の暦を書いたために、九月の暦の裏面が翌年の四

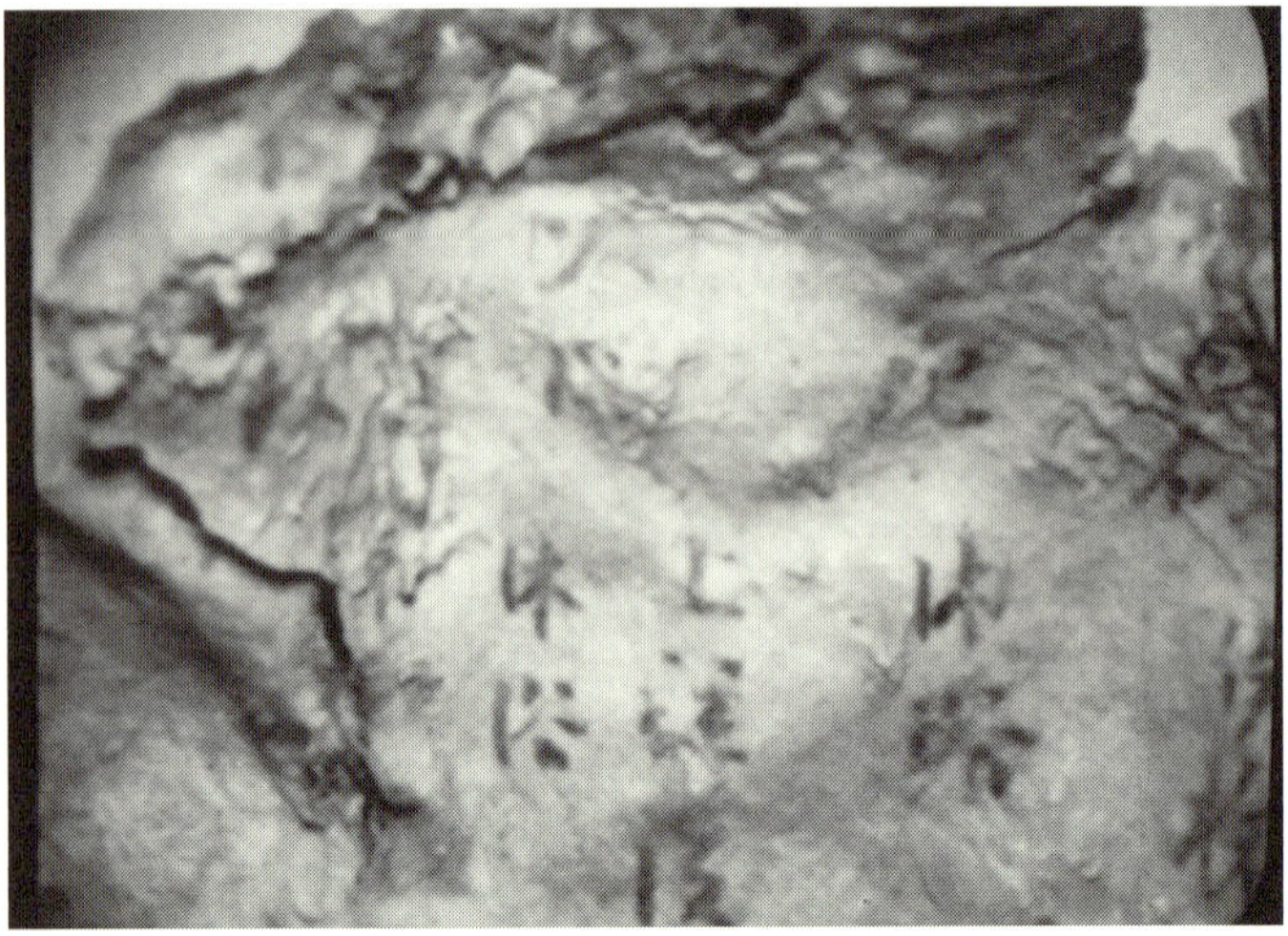

□□破　候旅内
□亥□危　淋浴
□子火成　上弦後淋浴
丑火収　除手甲

漆で保護されていた具注暦（赤外線テレビ写真）

月の暦になったものであろう。

ところで、延暦二十三年四月の暦には「七日丁亥　沐浴《もくよく》」「八日戊子　上弦後沐浴」「九日己丑　除手甲」と見える。沐浴とは髪を洗い、からだを洗うこと、上弦は新月から満月にいたる間の半月で、陰暦の毎月七日、八日頃に当たる。除手甲《つめ》は手の爪を切ることの意である。平安時代半ばに成立した『九條殿遺《ゆい》誡《がい》』という書物があるが、これは藤原師輔《もろすけ》（九〇八—六〇）が彼の子孫のために書き残した遺訓で、日常の細々とした日課、生活態度、教養などが記され、当時の貴族の日常生活を知る上で貴重な史料とされている。その中に暦の利用の仕方も書かれている。例えば、丑《うし》の日には手の爪、寅の日には足の爪を切るのがよく、沐浴は五日に一度、毎月一日にすると短命に、八日に行えば長命になるという。胆沢城具注暦には、八日上弦の後に沐浴、九日丑の日手の甲を除《つめ》くとあり、『九條殿遺誡』にすべて一致するのである。胆沢城にやって来た坂上田村麻呂がこの暦を見ながら沐浴をし、手足の爪を切り、そして城柵などの造営事業の着工の日を決めたとしたら、想像するだけで実に愉快である。

胆沢城跡ではこの暦の発見をきっかけに、その後も数点の漆紙文書が出土し、その中の一つには「延暦廿一年六月廿九日」の日付のある文書も見つかっており、はからずも延暦二十一年造営の胆沢城の遺跡で、延暦二十一、二十二、二十三年の三年間の史料が相ついで確認されたことになった。全く思いがけない貴重な史料を土中から得たといえる。先年、田村麻呂の二男である「広野」の署名《サイン》が多賀城漆紙文書の中に見出されたが、胆沢城跡から田村麻呂自筆の文書が発見されるということも、決して夢ではなくなったのである。

一九八一年は水沢市教育委員会にとっては、継続的発掘調査の長年の苦労が一挙に報いられたような実り多い年であったと言えよう。折よく、二月六日から二十二日まで、これまでの胆沢城跡の発掘調査の成果を全公開する「胆沢城展」が地元の水沢三春屋で開催され、今回の漆紙文書もそのハイライトとして登場することになっている。

春いまだ浅いみちのくではあるが、新しい年を迎え、およそ一二〇〇年前の土中から掘りおこされた暦を目のあたりにして、古代の人々の生活にふれてみてはいかがであろう。

象潟発・古代の便り

芭蕉の「おくのほそ道」の旅は、日本海岸に出ると、酒田の港から北東へ向かった。鳥海山のふもとの象潟《きさかた》に着くころには、潮風が砂を吹き上げ、象潟は雨に朦朧《もうろう》とけぶっていた。

象潟や雨に西施《せいし》がねぶの花

雨にけぶった中に、かの西施（中国の伝説的美女）のおもかげとみたのは岸辺に茂るねむの花だった。

この象潟の地から秋田城にあてて発した一二〇〇年前の一通の手紙が、漆紙文書としてほぼ完全な状態で秋田城跡から発見された。秋田城は古代の出羽国の中心地で、その遺跡は秋田市寺内に所在する。

秋田城に勤める竹継《たけつぐ》は、秋田城から南へ、日本海岸ぞいに象潟近辺に公務出張した。公務はどう

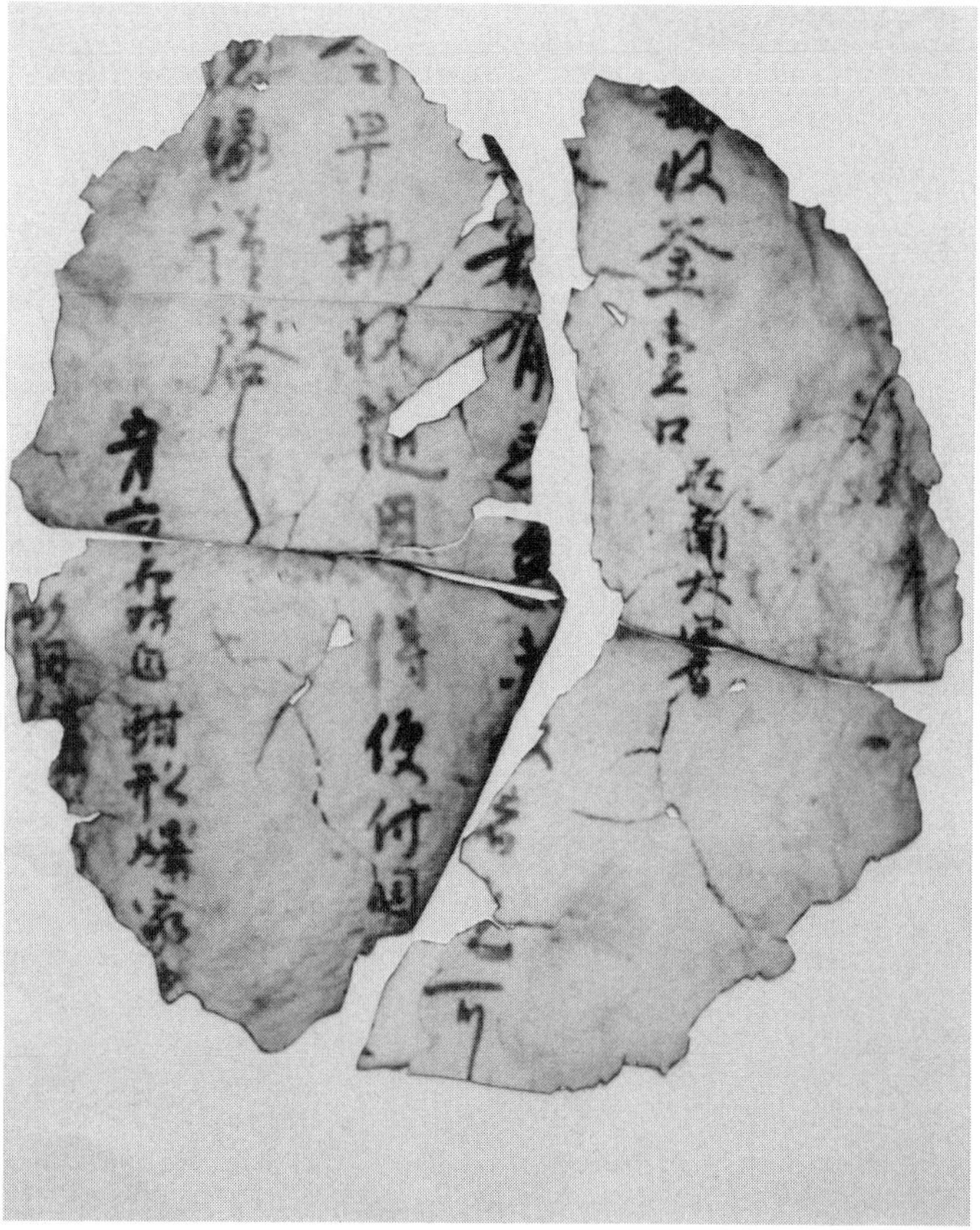

蚶形駅家から秋田城へ送った手紙（秋田城跡漆紙文書）

やら、秋田城が管理する製塩用の鉄釜《かま》の検収（収納のための検査）である。鉄釜は当時の史料にみえる例では、直径約一七〇センチ、深さわずか三センチとあり、浅くて大きな鉄製の盆を思い浮かべればよい。古代の製塩は土器で海水を煮つめて結晶塩を取り出し、仕上げに鉄釜で煎《い》り、水分を完全に除く方法をとった。竹継は首尾よく鉄釜一つを検収したが、そこではたと困惑した。自分はもっと用事を仰せつかってきたのではないか。しかし、こんなことを役所に問い直したら、きっとその軽率さをなじられるに決まっている。かといって、このまま帰るわけにはいかない。そこで、意を決して勤務先に問い合わせの手紙を出すことにした。

無事に釜一つの検収が終わりました。もし、このほかにまだ未収のものがあるならば、是非お申し付け下さい。この手紙をちょうど出羽国内を巡回している秋田城の役人に託しますので、よろしくお取り計らい下さい、という文面である。

手紙の書き出しは「謹啓」ではじまり、結びも「謹啓」となっているが、この言葉は現在の書面に生きている。手紙の末尾には、五月六日の日付と、象潟（当時は「蚶形」と記す。蚶はアカガイの古名キサガイのキサ）の駅家《うまや》から早朝の第一便、午前六時頃に差し出したことが記されている。駅家は、文字どおりステーションとして官道のところどころに設置され、中継の馬を準備し、公務往来に役人が利用した。駅家がこの時は手紙の発信場所としてポストオフィスの役割を果たしている。おそらく、竹継は叱責《しっせき》される怖さと不安な気持ちで、じっと返事を待って、象潟の駅家に滞在したのであろう。こんどは駅家はホテルとなっている。この一通の手紙により、古代の駅家の多様な役割が浮き彫りになった。

手紙は、地下に埋もれていたにもかかわらず、そのおもてには、あて名と差出人もはっきり読みとれる。あて名は「介御館《すけのおんたち》　務所《むしょ》」とある。出羽国の次官（介）の官舎の務所、今、ムショといえば別の施設を連想するが、ここは事務所と考えればよい。差出人は「竹継」。ここまで竹継と記してきたが、実はこれは略称で、フルネームは手紙文の末尾に記されていた「竹田継依《たけだのつぐより》」。この呼び方によって、手紙が公務に関《かか》わるものでも、やはりプライベートな側面を強くもっていたことがわかる。

この手紙を左から巻いて、右に巻きとめ、紙の右端を下から真ん中あたりまで細く紐《ひも》状に切って、これを紐として巻き、その上に封を施すしるし「封」の文字を記す。あて名以外の人間がかってに封を切ると、紙紐の幅（一センチ）の分だけ「封」の文字のところで空白となり、たちまちばれてしまう仕組み。古代中国では封の結び目のうえに泥を押しつけ、生乾きの時に印を押す。その泥が固まると、こわさないかぎり中味をみることができない。これが〝封泥《ふうでい》〟とよばれる方法で、日本ではまだこの例を聞かない。その代わりに、最近五万点あまりの木簡が出土し、話題となった長屋王邸跡の木簡のなかに、文書を入れた箱の上に木簡をのせ、紐でしばったのちにその紐の上から「封」と木簡に記し、開封すると、やはり文字が紐の部分で空白となる仕組みのものがある。

一二〇〇年前の一通の手紙が、ほぼ完全な形で残り、手紙の封印状態まで復原できる。しかも、下級の役人の窮状がひしひしと伝わってくる文面に、思わず我がことのような同情を寄せてしまう。今までの史料でとらえられなかった闇《やみ》につつまれた社会の実相・深層の意識をも白日のもとに映し出す各地の漆紙文書や木簡、墨書土器などは、これからも続々と出土するにちがいない。新たな歴史を築く文書群が地下に無尽蔵に眠っていることを思うだけで、胸が躍る。

一家六人、相ついで死亡す――古代東北の災害――

古代史上、記録を見る限りでは、九世紀ぐらい天地変異によるさまざまな災害を被った時期はない。その災害と深くかかわる内容の漆紙文書が、古代出羽国の中心である秋田城跡（秋田市寺内）から出土した。

折り畳んである二通の漆紙文書を水中で開き、赤外線テレビカメラで画像を映した瞬間、墨痕鮮やかな古代の死亡帳と戸籍がほぼ完全な形でよみがえったのである。その年代は、同じ遺構（土《ど》

死亡者を列記した死亡帳（秋田城跡出土漆紙文書の赤外線テレビ写真）

壙《こう》）から出土した四点の文書の断片に、嘉祥二年（八四九年）、同三年（八五〇年）の年紀が記されていたことから、ほぼ九世紀半ばのものとみてよい。

死亡帳とは、戸籍に記載された人のうち、毎年七月から翌年六月までの間に死亡した人の月日を記した帳簿である。ほぼ全容の分かる死亡帳は全国で初めての発見である。この帳簿は、墨で抹消したり、〇印や×印のチェックマークが付けられたりしていることから、秋田城内にとどめ置かれた控えと判断でき

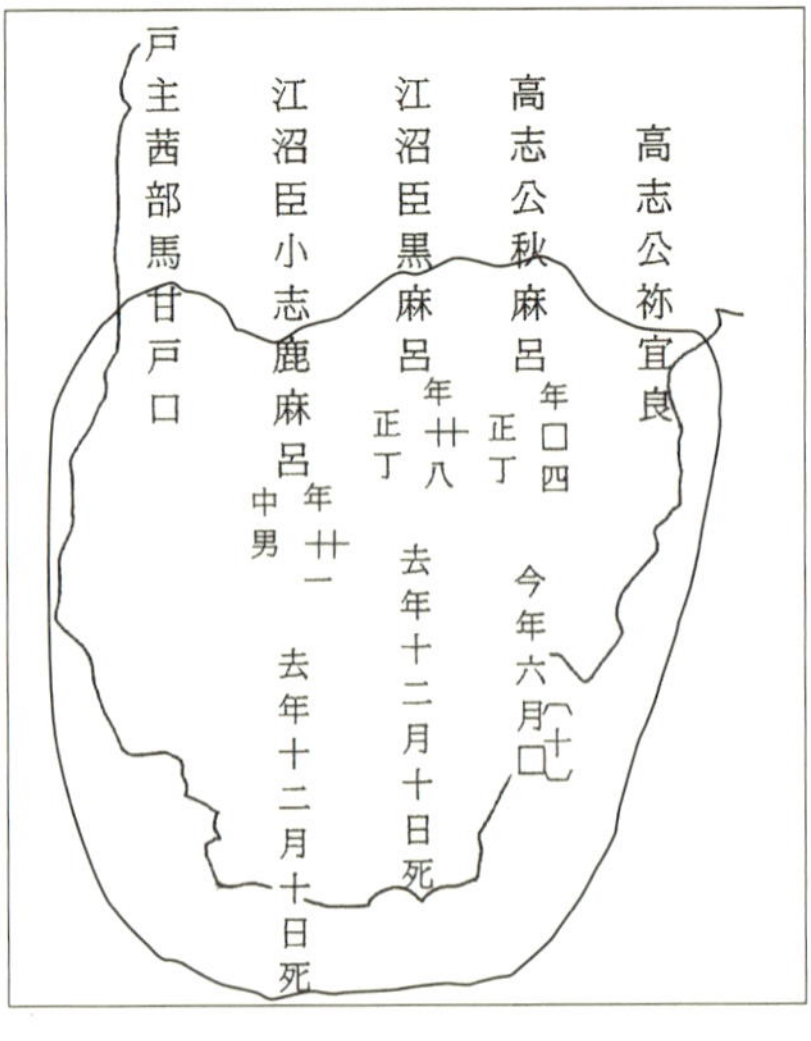

9世紀の「死亡帳」部分拡大写真（秋田城跡漆紙文書）

る。

この死亡帳によると、戸主・高志公《こしのきみ》の戸では一年間に六人も死亡するという異常さである。死亡年月日と老若男女を対比させてみると、女性と老人が九月ごろから十二月までの間に亡くなり、次の年の六月頃に成人男子が死亡している。

九世紀代は、各地の火山の噴火、大地震、異常気象と思われる長雨や風水害による凶作、さらには疫病などが連続して発生した。特に出羽国は八四〇年以降、飢饉《ききん》にたびたび見舞われている。

この死亡帳の死者全体を見ると、地震などによって一時に亡くなったものではなく、凶作が続き、九月の収穫期も不作のため食糧がなくなり、体力のない女性や老人が相次いで亡くなり、当時の税の主な負担者であった成人男子が最後までわずかな食糧を食いつないだが、次の年の六月にはついに死亡したと推測できるのではないか。

しかも、この死亡帳に記載されている「高志公」は越後国南部（新潟県）、「江沼臣《えぬのおみ》は加賀国（石川県）江沼郡に本拠を持つウジ名であることから、北陸地方から秋田平野に移住した人々であると思われる。移住先での慣れない生活も、多数の犠牲者を出した要因の一つではないだろうか。

一二〇〇年前の休暇届

一九八三年の国立歴史民俗博物館開館の際に、「飯万呂《いいまろ》請暇解《せいかげ》」という文書の複製が記念品として配布された。これは、奈良の正倉院宝庫から明治初年ごろ流出し、開館直前に当館で購入したものである。

この文書の内容は、天平宝字二（七五八）年三月十五日に飯万呂という人物が、伯父の病が重いので看病のため四日間の休暇を役所に申請した休暇届である。

飯万呂は中務省《なかつかさしょう》の画工司《えだくみのつかさ》に所属する画師であり、「新羅飯万呂《しらぎのいいまろ》」とよばれていることでもわかるように、朝鮮半島の新羅国からの渡来系の人物であろう。天平宝字二年当時は、東大寺に派遣され、画師として活動していた。この文書の裏に「上丹三斤」などと丹《に》（赤色顔料）の量目が記されている。紙の表面に顔料が付着していることや、また皺《しわ》のつき方が中に物を包んだ状態を表していることから、この休暇願が不要となった後に、丹の包み紙として画師が再利用していたことがわかる。

実は正倉院文書のほとんどは、東大寺の写経所の帳簿類である。その帳簿のなかに写経所で働く

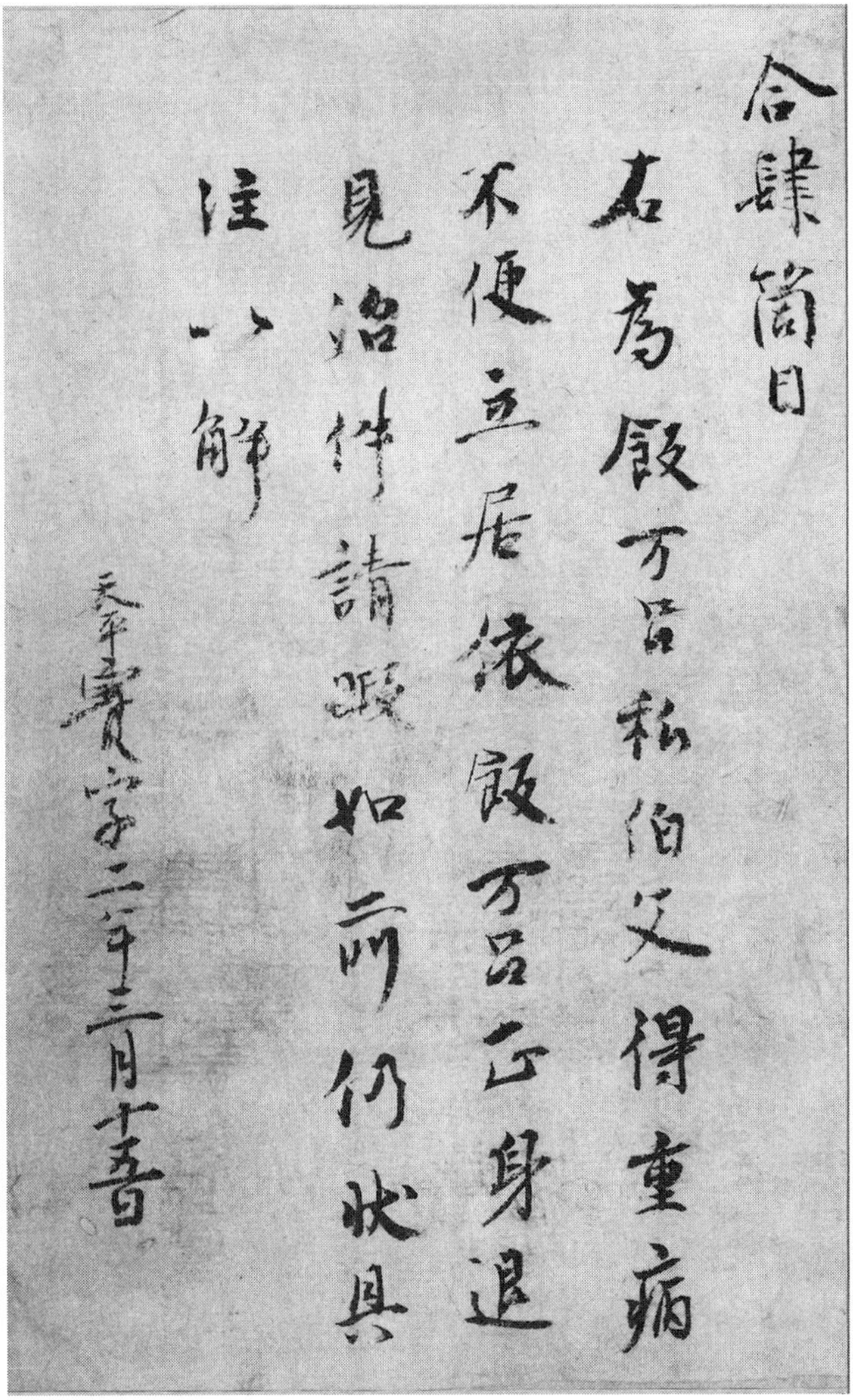
合肆箇日
右為飯万呂私伯父得重病
不便立居依飯万呂正身退
見治件請暇如前仍状具
注以解
天平寳字二年十二月十五日

1200年前の休暇届（新羅飯麻呂請暇解　正倉院宝庫外文書）国立歴史民俗博物館　複製

写経生などが勤務先に提出した数多くの休暇届があり、「飯万呂請暇解」もその一つである。休暇理由の多くは、病気による療養や、写経の仕事が一段落した時のもので、二〜五日程度の休暇申請である。ある者は自宅の修理のために三日間、また個人的祭礼のために二日間それぞれ休暇を願いでている。また、変わったところでは、秦家主《はたのいえぬし》という人物が私物の盗難にあったので探索のために三日間の休暇を届けでている。

正倉院文書は堅苦しい行政文書や帳簿類が大半を占めているが、自分自身や肉親の病気をはじめ、種々の理由をあげて休暇を願いでている文書には、とても生き生きとした日常生活がうかがえ、一二〇〇年の時を超えて身近なものを感じる。

秦家主は九月十六日夜に自宅の盗難にあい、探索のため三日間の休暇を申請した。二〇日には役所に出勤しなければいけなかったが、役所の書き込みに「以廿一日参、過一日」とあることから、一日遅れたことがわかる。

II　木に記す

地方豪族の大規模な生産

麻苧《あさお》らを　麻笥《おけ》に多に績《ふすさう》まずとも　明日着《き》せさめや　いざせ小床《おどこ》に

（麻の苧を麻笥《おけ》いっぱいに糸になさっても、明日着物としてお召しになるわけではないでしょう。さあ、床に入りましょう）

この一首は『万葉集』に収められている東歌《あずまうた》である。竪穴住居の中のうす暗い灯りのなか、夜遅くまで糸を紡ぐ女性の姿がそこにある。このような史料から、一般的に古代の布生産はもっぱら女性による家内仕事のように理解されてきた。

南北に長い長野県を、文字通り大きく蛇行する千曲川は、更埴市（現千曲市）のあたりで北東へ屈曲し、流れのゆるやかになる地点に屋代《やしろ》遺跡群が立地している。この屋代の地は、川が運んだ土砂によって発達した自然堤防上に集落が分布し、その後背湿地には豊かな水田が広がり、早くも古墳時代の四世紀後半に森将軍塚《もりしょうぐんづか》をはじめとする巨大な古墳群が出現し、その後も信濃国の中核的拠点となった。

一九九四年度の長野県埋蔵文化財センターによる屋代遺跡群の発掘調査において、四万点を超す木製品が出土した。その中から、地方遺跡では最古の年紀（六六五年）をもつ木簡をはじめとする一二六点の木簡が発見された。これらの木簡の中に、人名を何人も連記しそれぞれの人名の末尾に「布手」（布を織る人）と記した作業記録のような木簡が数点みえる。「布手」はすべて男性である。この辺り一帯を支配した豪族は、大規模な織機を揃《そろ》え、支配下の男性を布手として多数動員し、大量の布を生産したのであろう。

これまでの古代史研究においては、地方における生産活動は律令国家の税体系のなかでとらえられ、簡単にいえば、税金を納めるための生産と税金を調えるための国府付属の工房の役割ばかりが強調されてきた。しかし、地方において圧倒的な権力を誇った豪族は、律令制以前に着々と築き上げた生産構造とその経済活動を律令期にも変えることなく、莫大な財力を蓄えていったと思われる。豪族の支配する大規模な機織り工場から生産される〝信濃布《しなののぬの》〟は、良質なものは高価な商品として各地に出荷され、質の劣るものが調庸布として工場に労働提供した農民たちの名のもとに都へ進上されたのであろう。

舞台は変わるが、若狭《わかさ》湾岸は古代の塩作りが盛んな地として知られている。現在、その若狭湾の一郭、京都府舞鶴市の浦入《うらにゅう》遺跡という平安時代の製塩遺跡が発掘調査されており、筆者も八月末に現場を見学した。静かな浦に二百メートルも続く塩作りの作業場は、まさに製塩工場である。この製塩工場主は、丹後国加佐《かさ》郡の豪族、笠《かさ》氏であることも、そこから出土した製塩土器に押された印の文字から明らかとなった。森鷗外の有名な小説『山椒大夫《さんしょうだゆう》』の安寿《あんじゅ》と厨子王《ずしおう》が使役された丹後半島の石浦での塩汲《く》み作業が想い浮かぶ。山椒大夫は大きな邸を構え、製塩のほかにも田畑に米麦、山の猟、海の漁、養蚕、機織りなどすべて大勢の職人を使用して経営する、古代丹後地方の分《ぶん》限者《げんしゃ》（金持ち）として描かれている。

このような布や塩に限らず、今後、地方における幅広い生産活動に着目しなければならないだろう。

さらに地方豪族が郡の役人として里の人々をいかに支配したかを伝える貴重な史料として、最近注目を集めているのが郡符《ぐんぷ》木簡である。郡符とは、郡司（郡の役人）からその支配下の責任者に宛《あ》てて出された命令書のこと。屋代遺跡群の郡符木簡は、何らかの神事に際して席《むしろ》・鱒《ます》などの物品と建物の造営のための作業員、そしてその造営の技術者の労賃の布までを貢進するように命じている。この屋代遺跡群と酷似する福島県いわき市荒田目条里遺跡でも郡符木簡が出土しているが、その木簡は、郡司の田の田植えのために里の農民三十六人を召し出している。

これらの労働は律令制に規定されたものではないだろう。ともにたった一本の木簡で命令してしまうところに、当時の郡司の地方における絶大な権力を垣間見ることができる。郡符木簡は、律令で定められた書式（符式）に基づきながら、その命令内容は律令以前の支配関係の上に成り立っているところにこの木簡の特徴があり、歴史的意義がある。

このように、屋代遺跡群木簡は七世紀後半から八世紀前半という、我が国においては資料の比較的少ない時期のものであり、古代国家確立過程を究明する上で貴重な資料群である。木簡全体の検討により、屋代遺跡の地は埴科郡家に国府も加わり、信濃国の中核的様相を呈していたことがほぼ判明した。その機能の源が千曲川にあったことはいうまでもない。

各地域から掘り出される資料と、その地域の歴史を育んできた自然環境は〝借り物〟ではない。この両者こそ、これまでの中央指向の歴史観を脱却して、豊かな地域の歴史を語る重要な素材である。

こうした屋代遺跡郡木簡の調査成果は、長野県埋蔵文化財センターから二百ページを超える本格的な報告書として刊行された。

絶大だった郡司の権力—長野県更埴市屋代遺跡群出土の木簡—

信濃をおとずれた私には、梅雨の合間の猛暑もどこか心地よさを感じた。それはとてつもない貴重な史料（木簡）の出土の報をうけ、今、その現場を眼前にしている喜びのためであろう。

　近年、古代史研究の大きな課題の一つは、各地における地方豪族と農民との間の支配関係の実態を明らかにすることである。ところが、中央政府が編纂《さん》した歴史書や、中央に提出した各国の帳簿類には、地域社会の末端部分を記述したものは少ない。地域社会の動きを正しく知るためには、やはり発掘調査による遺跡や遺物の観察が必要不可欠である。

　その末端行政をものがたる資料として、最近注目を集めているのが、郡符《ぐんぷ》木簡である。郡符とは、郡司（郡の役人）からその支配下の責任者に宛てて出された命令書のこと。兵庫県山垣遺跡、滋賀県西河原遺跡、新潟県八幡林官衙遺跡、福島県荒田目条里遺跡と相ついで出土し、次はどこかとひそかに期待していたのは私だけではなかっただろう。

　偶然にも屋代遺跡群木簡発見の直前、今回解読作業を一緒におこなった福島正樹氏（当時長野県立歴史館準備室）と郡符の意義を話し合ったばかりであった。「郡符木簡発見！」福島氏の第一報の声が興奮のあまり震えていたのも想像できるであろう。

　これまでの各地の郡符木簡は、すべて人の召喚を内容としているところに大きな特徴があった。ところが、この木簡は、席《むしろ》二枚、鱒《ます》二升などの物品と建物の造営のための人夫、そしてその造営の技術者の労賃までを貢進するように命じている。これは全く初めての例である。これら三項目をたっ

屋代遺跡群の木簡出土状況（長野県千曲市屋代遺跡群）

た一本の木簡で命令してしまうところに郡司の地方における絶大な権力を垣間見ることができる。建物の造営人夫と席以下の物品をあわせて調達しようとしたのは、何か神事にかかわることのように思える。

この郡符木簡の共通した特色は、命令を受けた責任者はすぐに召喚人を引きつれて、召喚先に赴き、郡の役人の点検をうけたのちにこの木簡を廃棄する。それゆえ、郡符木簡の出土地点は郡の役所またはその関連施設と考えられるのである。屋代遺跡群もそのような施設の一郭とみなしたい。そもそも、屋代遺跡群は古代の信濃国埴科郡屋代郷に属する。屋代郷は古くは〝社《やしろ》の里《さと》〟、霊験あらたかな地とされ、埴科郡の中心であり、郡役所が置かれたところであろう。

最後に、この木簡の〝かたち〟から私が推理してみた次の二点を紹介しておきたい。

木簡の現状の形をみると、真二つに割ったのち、頭部のみをさらに細かく幅約一センチに均等に割っている。この念入りな頭部の切断は、「符　屋代郷長」の個所に限られる。郡司の発行した郡符は郡内で最高に権威あるもので、下部の文字を削ってしまえば、再利用も可能である。そこで郡符の悪用を防ぐために、差出と宛先の肝心な部分のみ丁寧に切断したのであろう。古代版シュレッダー方式。

もう一つは、郡符木簡は、当時の過所《かしょ》木簡（通行証）と同様にすべて大型であることを特色とする。通常の木簡は長さは二〇～三〇センチ程度であるが、郡符は完型のものでみると、約六〇センチ近くある。つまり、古代の寸法でいえば、約二尺（一尺は約二九・八センチ）に相当する。最古の仏教説話集「日本霊異記《りょういき》」に次の話がある。ある国に鳥の卵を常食していた男がいた。その国の役人（国司）がその男を殺生《せっしょう》の罪で罰しようとして、召し出すため、使いの者に持たせたのが「四尺の札」であったという。通常、国司が札（木簡）を用いて人を直接召喚することはあまり考えられない。おそらく常用されていた〝郡符二尺〟に対し、その倍の長さの四尺は国司と郡司の格の違いを象徴した架空のものか。

信濃古代史は、この一点の木簡の登場とともに、その実相をみせはじめ、次なる研究へ大きく歩み出した。炎天下で鍬《くわ》をもつ発掘調査員の人たちの手に一段と力が入ってきたように見うけられ、今後のさらなる成果を期待して帰途についた。

右大臣昇進の贈り物は名馬―国司館跡からの〝領収書〟―

バブル期の最中、宮城県多賀城市のマンション建設予定地から、十世紀前半の国守（地方長官）の豪邸跡が発見された。遺跡の場所は、東北地方の政治・軍事の中心、陸奥国の国府も置かれた多賀城の一郭である。

多賀城は古代の都市計画に基づいて、丘陵上に中心施設を置き、その前面に幅員二三メートルの南北大路と同一二メートルの東西大路を設けた。特に東西大路沿いには国司の邸宅をはじめ、重要な施設が配置されていた。

国司の館《たち》の主殿と考えられる桁《けた》行九間（一間＝約一・八ｍ）以上×梁《はり》行四間の四面廂《ひさし》付きという大規模な建物跡（床面積約一九二平方メートル、約一二〇畳敷き）が発見されたのは、東北本線陸前山王駅に接した発掘区。さらに、大型の井戸跡、多量の国内各地や中国産の高級陶器、げた、くしなどの生活用品が出土し、そこが貴人の日常生活の施設であることを示していた。

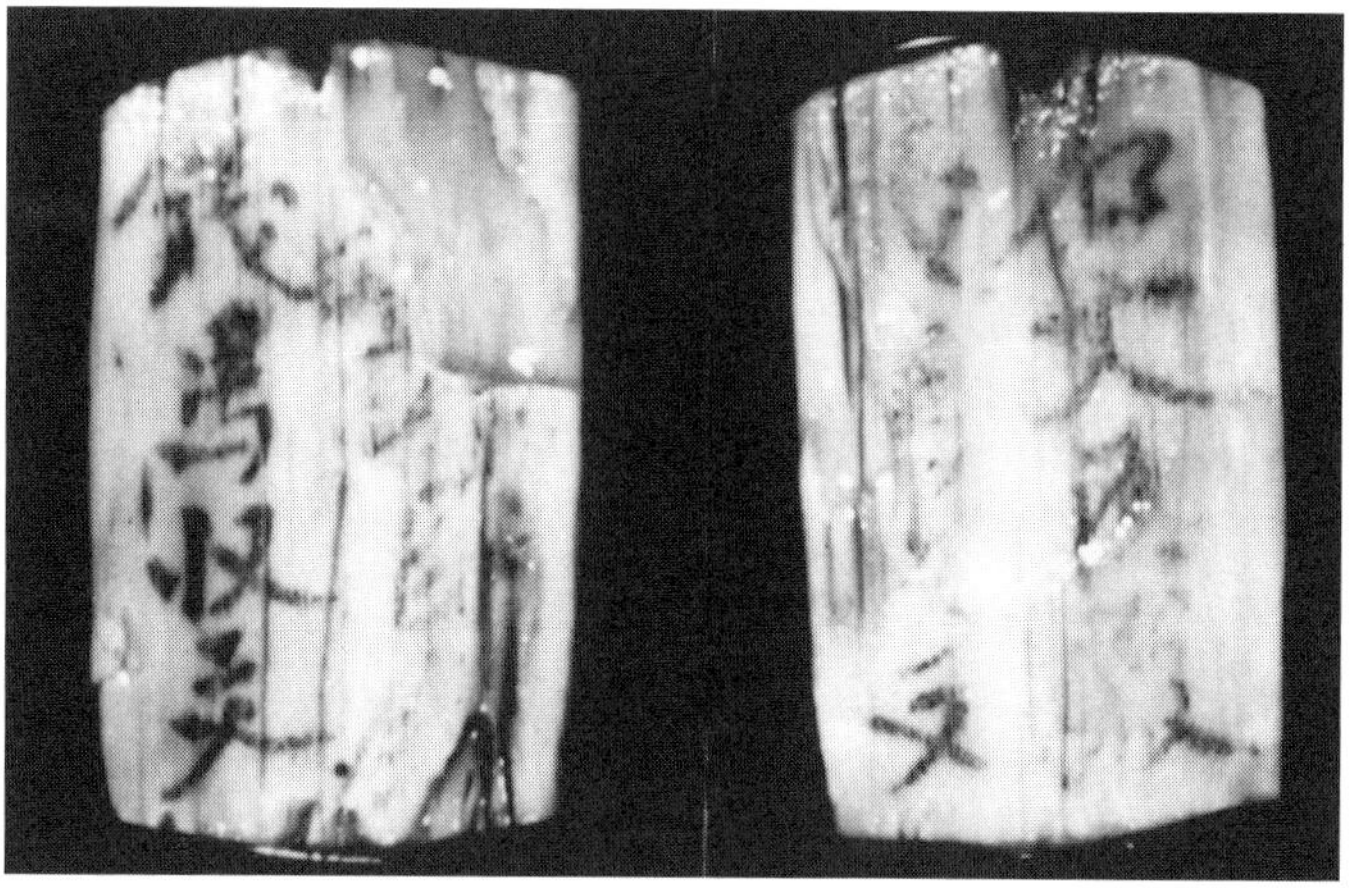

右大臣から陸奥守に宛てた馬の領収書 「右大臣殿餞馬収文」と書かれた題箋（宮城県多賀城市の多賀城・城下遺跡出土）

国司の館（陸奥守のすまい）（多賀城市山王遺跡）

そして何よりわれわれの目を引き付けたのは、その大規模な建物の柱穴から出土した一点の木簡だった。この木簡は題簽軸《だいせんじく》と呼ばれ、巻物状の文書の軸のへら状先端部に文書内容を書いたものである。題簽には表裏同文で「右大臣殿餞馬《せんば》収文」と記されていた。

右大臣は言うまでもなく、中央政界のナンバー2の高官である。その「右大臣」にかかわる木簡がなぜ陸奥国府・多賀城から出土したのか。

このなぞを解くカギは、右大臣と陸奥国の関係にある。当時、右大臣にはもっぱら摂関家である藤原氏の有力者が任命されていた。右大臣に昇任する前の職は大納言であり、その大納言は陸奥国の最高行政官である按察使《あぜち》を兼務するケースが多かった。大納言を兼任する按察使は、中央政界の重職であり、この時期、陸奥国に下向することはなかった。

その名誉職としての大納言兼按察使が右大臣に昇任した段階で、按察使の職を終え、形式上、陸奥国を去ることになる。そこで陸奥守は、その右大臣に対して、あたかも陸奥国を旅立つ人と同様に、餞別として陸奥国の最高の贈り物、名馬を送ったのである。

「収文」とは、諸国から中央の役所や個人宅に物資が貢進されたときの仮領収書である。右大臣家から送付されたその仮領収書は、陸奥守の邸宅で大切に保管されていたことになる。

全国で初めて古代の国守の館として確認されたこの遺跡は、地元の方々の尽力でマンション建設が中止され、保存された。

餞別に馬、今ならさしづめ高級外車というところであろうか。中央政界の大物へのプレゼントは半端ではない。

後の屋敷神のルーツ―役所の西北隅に祭られた「内神」―

坂上田村麻呂が八〇二年に建てた胆沢城《いさわ》（岩手県水沢市）の遺跡から、一九八五年に一点の木簡が出土した。木簡の内容は、「内神」を警護する兵士の十日分の食料請求書であった。

その木簡は、胆沢城内の厨房《ちゅうぼう》で食料を請求した後、勤務場所（内神を祭った神殿）に戻り、捨てられたと考えられる。木簡の出土地点は、胆沢城の中心＝政庁の西北隅に当たり、そこには神が祭られ、「内神」と呼ばれていたことが分かった。

奈良県の天理図書館に所蔵されている宝亀三年（七七二年）十二月十九日付の文書によれば、武蔵国入間《いるま》郡の正倉が火災で焼失した事件が起きたが、それは郡役所の西北隅に祭られた神社に神祇《じんぎ》官が奉幣物《ほうへい》（神前に供える物）を納めなかったことに対するたたりであるとされた。郡役所の西北隅は神聖な場とされ、式内社クラスの神社が置かれていたようである。

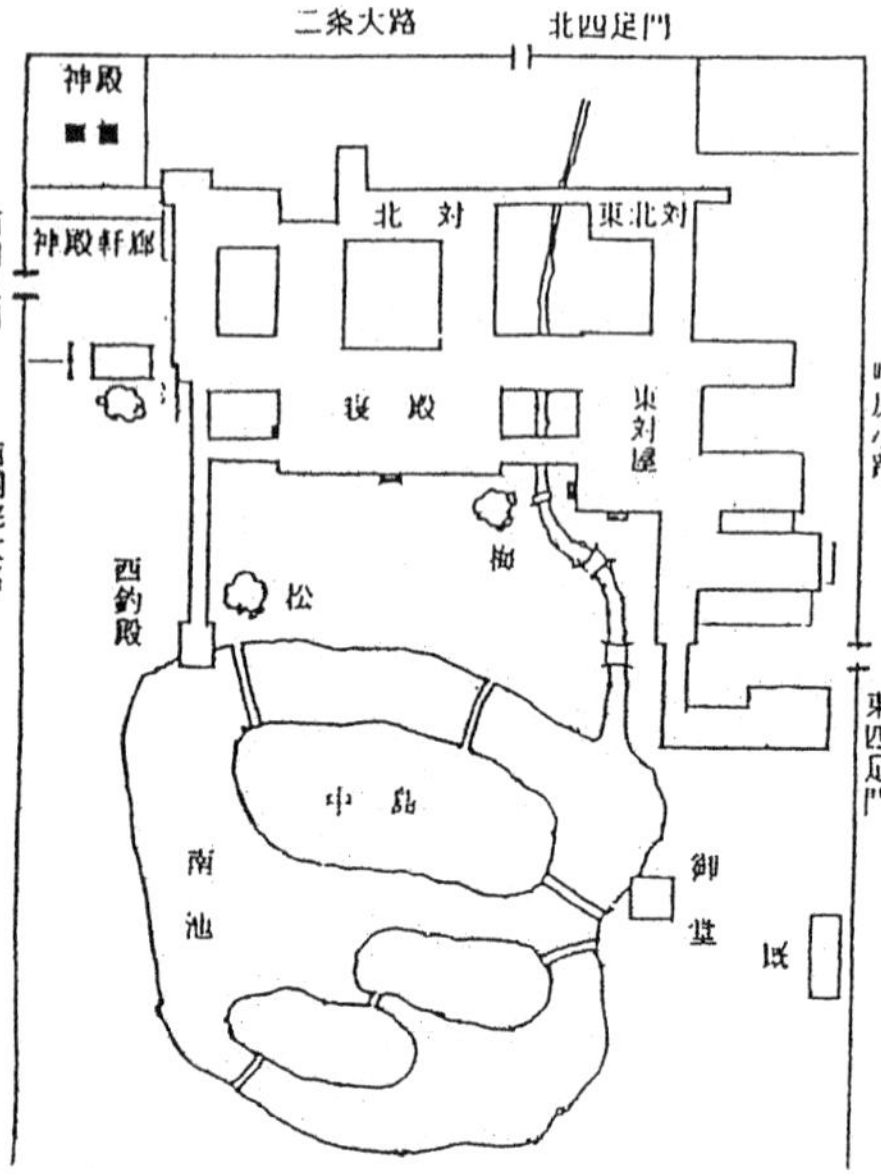

平安時代の貴族の邸宅（東三条殿）の復元図。西北隅に二つの神殿が祭られている（太田静六『寝殿造の研究』1987年より）右は「内神」と記す木簡（胆沢城跡出土木簡）

平安時代に入ると、中央の各役所、さらに地方の国府や胆沢城のような城柵《じょうさく》など、国が設置した施設の最も中心的な場所に、郡役所とは違って規模の小さい社《やしろ》を設けて、象徴的かつ形式的に西北隅を鎮護している。

『今昔物語集』では、藤原氏の邸宅である東三条殿の戌亥《いぬい》（西北）隅に神を祭っており、その神をやはり「内神」と呼んでいる。

このように公の施設から始まり、やがて貴族の邸宅などの西北隅に、後の「屋敷神」に連なるような社を建て、守り神としたのである。

では、なぜ日本では、古代から西北という方角を特別にあがめたのであろうか。

民俗学の調査によれば、日本各地においては戌亥の方角から吹く西北風をタマカゼやアナジと呼び、ことのほか恐れている。

柳田国男は、タマカゼは悪霊の吹かせる風であると言う。しかし、タマカゼのために恐ろしいたたりに遭うのは、慎み物忌《ものいみ》（ある期間、飲食・行為を慎み、心身を清めて家にこもっていること）すべき時期に行動するからである。家の中で忌み慎んで神事に従っていれば、祝福をもたらしてくれる祖霊《それい》（先祖の神霊）を乗せてくる風であるともされている。現在でも屋敷の西北隅に「屋敷神」を祭る地方は数多い。

この信仰こそが、おそらくは古代においても西北隅に社を設けた理由ではなかったか。

高度に管理された古代の稲作—木簡に記された品種名—

高校の日本史の教科書を見てみると、中世・室町時代の産業の項に、「この時期の農業の特色としては、二毛作が各地に広まり、水稲の品種改良も進み、早稲《わせ》・中稲《なかて》・晩稲《おくて》の作付けも普及し、各地の自然条件に応じた稲が栽培されるようになった」などと記述されている。

しかし今回、奈良・平安時代の遺跡から出土した木簡に、江戸時代の農書や各地の農民が書いた古文書などに記載されているものと同じ稲の品種名が、二〇点近く確認された。実際にはさらに多くの品種の存在が想定されるだけに、古代の稲作は、我々の予想をはるかにこえるような計画的な管理のもとに栽培されていたと考えるべきであろう。

たしかにこれまでは、古代に稲の品種に関することが書かれたものといえば、正倉院文書にみえる二品種をのぞくと、『万葉集』の

「鳰鳥《にほ》の　葛飾早稲を饗《にへ》すとも　その愛《かな》しきを　外《と》に立てめやも」

などのように、早稲・晩稲の区別しかみえないので、先の教科書のような考え方になったのだろう。

一九九九年の春、福島県会津若松市の矢玉遺跡などから出土した稲の付札の木簡を調査中に、初めて「畔越」「足張」「荒木」「白和世」などが、稲の品種名であることに気付いた。

その中の「足張」は何と読むのか？

埼玉県・稲荷山古墳出土の鉄剣銘文（五世紀後半）に、「多加利《たかり》の足尼」とあり、足尼は宿禰（古代の姓《かばね》の一つ）のことで「すくね」と読む。

そこで「足張」が「すくはり」と読めるとすると、日本最古の農書とされる近世の『清良記《せいりょうき》』（一七〇二～一七三一年頃成立）に記載されている「栖張《すくはり》」と一致する。

明治初年に島根県下で広く栽培された「亀治」という稲の品種は、松江藩の広田亀治という人が「縮張《すくはり》」という晩稲品種を改良して、明治八年に新品種として生み出したものとされている。いもち病や日照不足にも強く、最盛期には六万ヘクタールの作付け面積を誇ったようだ。（菅洋『稲――品種改良の系譜』法政大学出版局、一九九八年）

おそらく、この「すくはり」から生まれた「亀治」の種子は保存されているであろうから、「足張」と書かれた稲の「種子札《しゅしふだ》」を出土した矢玉遺跡周辺で、今後の発掘調査で種子を採取できれば、DNAの分析によって、その関係を知ることもできるかもしれない。

また、先の矢玉遺跡の「種子札」のなかには、「長非子一石」という付札もある。近世の農書な

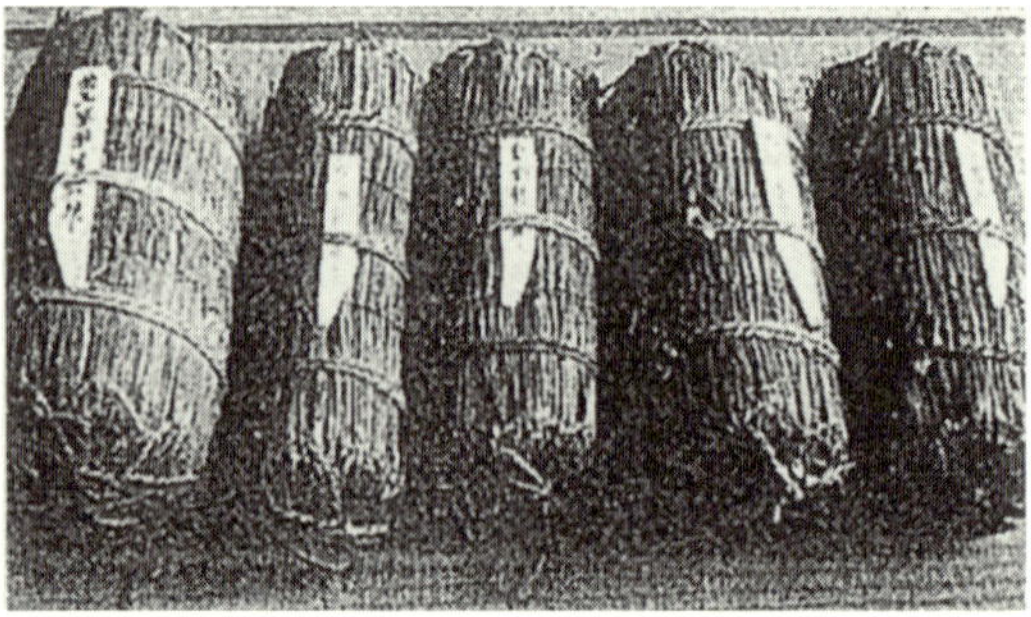

現代の「種子札」（富山県『無形の民俗資料記録第７集』文化庁文化財保護部、1967年より）

種子札「畔越」（山形県上高田遺跡木簡）

どにはみえないが、古代末から中世にかけて、貴族の和歌集のなかで「ながひこの稲」と、しばしば詠われている。

例えば『夫木和歌抄』の源俊兼の歌（一〇七六年作）に

「かぞふれば　かずもしられず　君が代は

ながたにつくる　ながひこのいね」

とある。

これまでは「ながひこ」は、稲の異名とされていたが、今回、稲の正式な品種名であったことが判明した。おそらく古代末から中世にかけて、和歌に稲の品種名が詠われたのは、各地に広大な農地を所有した貴族が、稲の品種を管理する支配者の立場から、品種名を強く意識し、伝統的に受け継いできたことによるのであろう。

これで、和歌の世界の一つの謎も、解けたといってよいのではないか。

我が国の稲作は、弥生時代の開始の時から、畔は矢板や杭で保護されており、水量調節の工夫も備えた排水溝も整備された水田であったことを特徴とする。

今回、二〇種近くの稲の「種子札」を発見することができたが、これは全く氷山の一角であるとみてよい。その数多くの品種を維持するためには、地域社会における強力な政治の支配力により、十分に統制・管理しなければならなかったであろう。統制・管理されたことにより、稲の高い品質と生産力が保障されたのである。そして、米が古代国家を支える作物として、また流通経済の物品貨幣としての役割を担うことになったのであろう。

〝政治の作物〟と化した米は、天皇をはじめ中央の貴族や地方豪族らの支配者層の食料として消費され、一方では、王権からの下賜物、そして役人や労働者への日当などとなったのである。

そのことは、米が古代農民の日常的食料としては、あまり大きな比重を占めていないということも意味している。そこで、改めて、当時の庶民の食料として雑穀をはじめ山野河海の食料資源に、眼を向けることの重要性が浮かび上がってくるといえる。

石川・加茂遺跡から「お触れ書き」発見―行政支配の原形を見た―

こんな木簡が、あるのだろうか……。石川県埋蔵文化財センターからファクスで送られてきた文字を追いながら、全く信じられない思いだった。私はこの三〇年間、列島各地で出土した古代の木簡を読んできたが、二〇〇〇年夏、金沢市の北、津幡《つばた》町の加茂《かも》遺跡で発見された加賀郡牓示札《ぼうじさつ》ほど驚いたものはなかった。

ほどなくして実物を目の当たりにした時の胸の高鳴りは、いまだ冷めやらない。「朝は寅時《とら》（午前四時頃）に農作業にでかけ、夜は戌時《いぬ》（午後八時頃）に家に帰ること」で始まり、生活の心得八カ条が記されていた。嘉祥（八四八―八五一）の年号があり、一一五〇年前の古代の村の一角に立てられていた「お触れ書き」なのだ。古代の庶民の生活を伝える文字資料は、きわめて少ない。この木簡から導き出される歴史事実は数え切れない。日本史上、類例のない画期的な発見である。

長い間掲示されていたために表面が風化し、文字部分のみが墨の防腐作用によって盛り上がった形で三四四文字が残っていた。湯川善一、和田龍介両氏を中心とする石川県埋蔵文化財センターのメンバーと、遺存状態の悪い文字の一つ一つを解読し、七月中旬にはほぼ読み終えた。

石川県加茂遺跡出土の牓示札　村の一角に掲示された札には、郡の役人が村人の生活の心得を書き上げ、口頭でその趣旨が伝えられた。

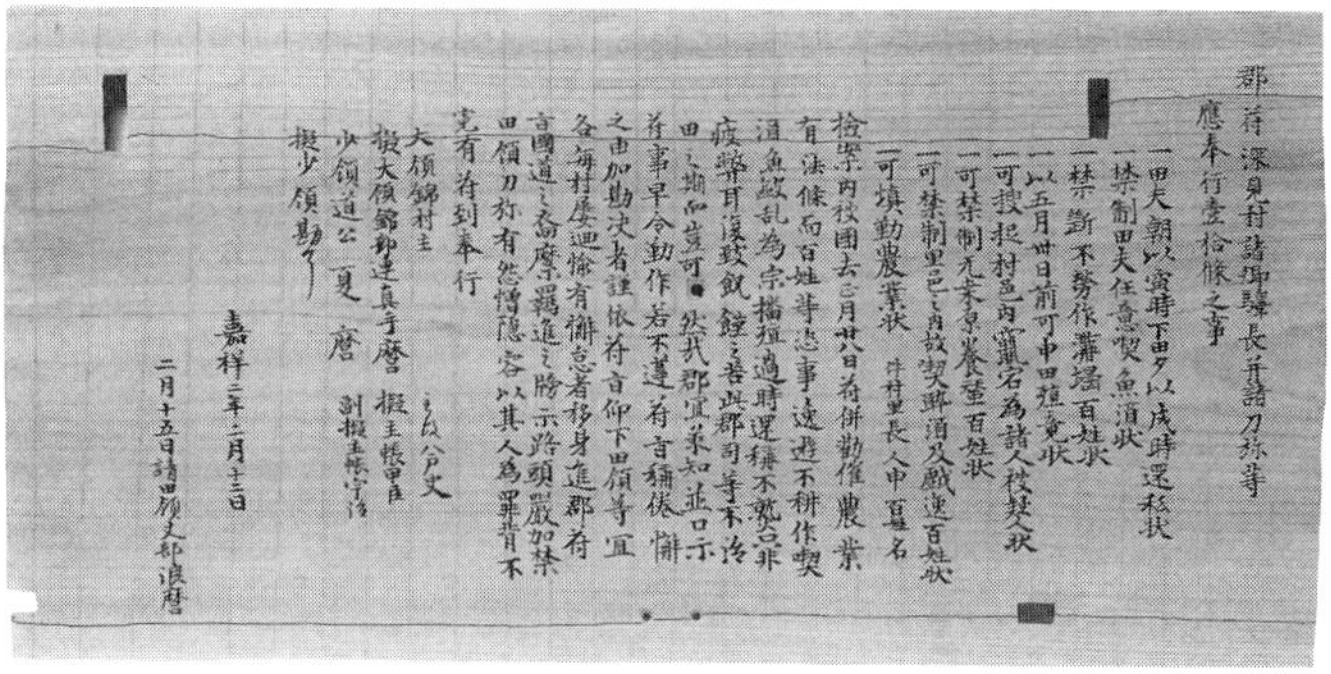

郡符　深見村諸郷駅長并諸刀祢等
應奉行壹拾條之事
一田夫朝以寅時下田夕以戌時還私状
一禁制田夫任意喫魚酒状
一禁断不労作溝堰百姓状
一以五月卅日前可申田植竟状
一可捜捉村邑内竄宕為諸人被疑人状
一可禁制无桑原養蚕百姓状
一可禁制里邑之内故喫酔酒及戯逸百姓状
一可填勤農業状　件村里長人申百姓名
検案内被國去三月廿八日符併勧催農業
有法條而百姓等恣事逸遊不耕作喫
酒魚殴乱為宗播殖過時還称不熟只非
疲弊耳復致飢饉之苦此郡司等不治
田之期而豈可然哉郡宜承知並口示
符事早令勤作若不遵符旨称倦懈
之由加勘決者謹依符旨仰下田領等宜
各毎村屡廻愉有懈怠者移身進郡符
旨國道之裔縻羈進之牓示路頭厳加禁
田領刀祢有怨憎隠容以其人為罪背不
寛有符到奉行
大領錦村主　主政八戸史
擬大領錦部連真手麿　擬主帳甲臣
少領道公夏麿　副擬主帳宇治
擬少領勘了
嘉祥二年二月十二日
二月十五日請田領丈部浪麿

上記資料の復元複製　国立歴史民俗博物館蔵。
文字は國學院大學教授佐野光一氏の筆による。

平安時代の初め頃から、地方社会では農業や商業活動を通じて、大きな富を蓄積する有力者が目立ってくる。それに対し、国家は律令支配体系を保持するために、新たな動きを禁止する法令をたびたび発した。

「農民がほしいままに魚酒を飲食することを禁ずる」という第二条と、「桑畑を持たない村人が養蚕することを禁ずる」との第六条は、この牓示札を象徴している。背後に社会の変化、動揺が見えるのだ。

裕福な者が田植えなどの時に、ごちそう（魚酒）を用意して手伝いの農民をかき集めてしまうために、貧しい者は田植えもできないことが社会問題になっていた。一方、大陸からもたらされた養蚕は莫大《ばく》な富を生み出した。養蚕のための桑を買い占める富豪が登場し、貧しい農民は桑を手放し、富豪の〝織物工場〟への労働力となってしまうことがあったようだ。

文書のあて先は「深見村□□郷」とある。□□の部分は削られていた。深見村の数郷を掛けまわしたのだろう。この深見村は、越中国守（国の長官）の大伴家持《おおとものやかもち》に歌を贈った越前国の掾《じょう》（国の第三等官）の大伴池主《おおとものいけぬし》が滞在した場所として八世紀半ばの『万葉集』に登場する。加賀国の北端に位置するこの村で、北陸道は越中国と能登国へと分岐した。内灘《うちなだ》砂丘に守られた河北潟《かほくがた》は水上交通が盛んで、その港も近くに想定されている。源平合戦の舞台となった倶利伽羅《くりから》峠も近い。深見村は交通の要所だった。

法令には「路頭に牓示せよ」「津辺（港ちかく）に牓示せよ」との命令が添えられることがあった。徹底のため人が行き交う場所に掲示させたのだろう。

板の大きさは、古代の紙の規格である横六〇センチ（当時の二尺）、縦二十九センチ（同一尺）にほぼ合致する。記された内容は、九世紀にしばしば出された個別の禁令を集めたようなものだ。この地域に限定したものではなく、全国一斉に発布されたものと考えられるが、簡略にすることなく、紙の文書をそのまま書き写している。これは律令国家が公文書による行政支配を村々にまで徹底させようとしたことを意味している。

この牓示札が掲げられた九世紀は、富士山だけでも二回噴火するなど、二〇〇〇年の今日にも似て、日本列島各地で火山爆発と地震が相次いでいた。長雨・疫病・凶作そして飢饉《ききん》が連続した。そのような状況下で、政府が国家の経済的基盤である農業を必死に守ろうとしたのである。苦しい中で出した文書の命令――今日に至るまで日本社会の基本となっている公文書による行政支配の原形といえるだろう。

「農民に読んで聞かせるように」との郡の下級役人への命令も盛り込まれている。文書伝達と口頭伝達を組み合わせた、古代日本の文字社会の特性が初めて実証された。当時の農民の識字の程度をうかがうこともできる。

この木簡をもとに今後、多くの研究が進められるだろう。同様の札の出土も期待される。さらに私は「深見村」の地の歴史的景観の復元を願っている。河北潟は水上交通と豊かな水産資源が戦後まで維持されてきたが、昭和三〇年（一九五五年以降）代から半分以上が干拓された。現在は、減反政策などによって畑地利用を余儀なくされたり、潟の水質悪化など多くの問題をかかえている。貴重なのは発見された牓示札だけではない。この札が掲げられていた村、その村のにぎわいを支えた街道や港……。加茂遺跡周辺の調査を実施し、河北潟の再生も含めて原風景を積極的に復元してほしい。

国立歴史民俗博物館では二〇〇二年三月から『古代日本の文字世界』展を開催する計画である。創設二十周年を記念し、正倉院文書や出土文字資料を中心に古代の文字文化を描こうという構想である。その準備のさなかに、牓示札が発見された。河北潟の雄大な自然を背景に、北陸道のわきに立つ牓示札。郡の下級役人に見立てた人を前に立たせ、読み上げさせようか……、展示の構想がふくらむ。この発見で、私が長年追い求めてきた古代社会の文字世界が鮮明にみえてきた。「二十一世紀に贈る大きな歴史遺産」として、二〇〇〇年という節目の年に牓示札が現れたように思えてならない。

佐賀・中原遺跡 防人の木簡―兵役逃れで九州定着か―

防人《さきもり》の木簡は、唐津湾に面した名勝「虹の松原」の背後の中原遺跡から出土した。

二〇〇四年二月に唐津を訪れ、墨痕の薄れた木簡に向かうと、「甲斐」の二文字が眼にとび込んできた。後日、九州の友人から「(山梨県出身の)平川さんが甲斐国(山梨県)防人を真先に解読したのは話が出来すぎだ」と冷やかされた。

防人は、七世紀後半、倭国(日本)・百済連合軍が唐・新羅軍に白村江《はくそんこう》で大敗したことから、唐などの侵攻に備えて北部九州の沿岸に配置された兵士である。これまで防人に関する資料は、『続日本紀』や法令(軍防令)、『万葉集』の防人歌などに限られ、ほとんど実態はわかっていなかった。発見された木簡は、彼らの様子を現地において生々しく記録したもので、考古学、古代史そして国文学の世界が久しく待望した資料といえる。

この木簡は防人に関する名簿であり、防人が「戍人《じゅじん》」と記され守備地(戍《まもり》)に配されていたこと、出身地「甲斐国」と名前、食料支給に関する内容などが記されていた。人名に天平宝字三年(七五九年)に改められた「公」の姓が用いられていること、二次文書(表面を削って再利用された木簡)

空からみた唐津平野

に「(延)暦八年(七八九年)」という年号があることなどから八世紀後半のものである。

『続日本紀』によると、防人を関東地方(静岡・長野・山梨県を含む)から派遣する東国防人の制度は天平宝字元年(七五七年)に廃止され、防人を所轄する大宰府は再三、東国防人の復活を申請したが認められなかったとある。木簡が記す甲斐国の防人は、三年の任期満了後も故郷に帰らないで北部九州にとどまっていた人々で、おそらく二十五歳ぐらいで九州の地に赴いたとすれば、その後土着化していたのを再徴用された頃は、五十五歳ぐらいになっていたであろう。

律令政府が東国防人を廃止したのは、東北地方で蝦夷《えみし》との関係が緊迫し、関東からの大軍の派遣を必要としたからである。二十一歳から六〇歳の男子は兵役の義務があった。東国防人は勤務を終えて故郷に帰れば、三年間は兵役が免除されるが、当時の情勢からすれば、次は東北地方に派遣されるにちがいない。甲斐国の防人が違法行為と知りつつあえて九州の地にとどまったのも、過酷な兵役をのがれたい一心からの自己防衛手段ではなかったか。

軍事訓練以外の防人の日常生活は、一般農民の生活と大差なかったようだ。守備地の近くに土地を与えられ、耕作し食糧にあてた。三十年経ても甲斐国の防人として徴用されたのは、出身国単位にまとまって生活していたことを示しているのではないか。おそらく防人として最初に任についた

(一次文書) 小長□部□□〔東カ〕 〔 〕□□
□□家□□〔注〕
甲斐國□〔津カ〕戍□〔人〕不知状之

(二次文書) 首小黒 七把

古代肥前国勤務の甲斐国防(戍)《まもり》人(佐賀県中原遺跡木簡)

時に、国単位に農耕地をまとめて支給され、不法滞在が暗黙のうちに認められ、その農耕地を中心に集落をなしていたのであろう。

「甲斐國□戍人」と書かれた文字の右下に小さな字で記された「不知状之」（状を知らず＝詳しいことはわからないという意味）に注目してみた。兵士などに徴発された人々の名簿は、必ず戸籍の「○○国○○郡○○里戸主○○○○戸口」と明記することになっていた。甲斐国と掌握されているが、三十年近くの時が過ぎ、郡以下のデータはわからなくなっていたことを注記したものであろう。

この防人が配備された唐津の地は、古代の肥前国松浦《まつら》郡内にあたり、『魏志倭人伝』にみえる末《まつ》盧《ろ》国の故地である。八世紀に書かれた『肥前国風土記』松浦郡内の記載に、中原遺跡付近の「鏡の渡し」から、六世紀には大伴狭手彦《おおとものさでひこ》が朝鮮半島に渡ったという伝承がみえる。唐津湾岸は古代においても対外的にも重要な拠点であった。

太宰府で出土 最古「戸籍」―兵役徴発のためか―

最古の「戸籍」が、福岡県太宰府市の国分《こくぶ》松本遺跡から出土した。大宰府およびその前身・筑紫大《つくしたい》宰《さい》は、古代九州地方の統括と外交をつかさどった〝遠《とお》の朝廷《みかど》〟とされた役所である。戸籍は古代国家が民衆支配を行うための最も基本となる帳簿である。戸籍には一人一人が登録され、人びとの氏《うじ》姓《かばね》や身分を確定し、各種の税や兵役を課したり、班田収授《はんでんしゅうじゅ》を行ったりするための基本台帳となった。「日本書紀」持統天皇三（六八九）年閏《うるう》八月一〇日条によると、「今冬に戸籍を造るべし」と命ぜられた「戸籍」があり、それが翌六九〇年の庚寅年籍《こういんねんじゃく》である。これ以降、戸籍は六年ごとに一回造ることと定められた。

奈良県の正倉院には、多数の宝物とともに、一万数千通にも及ぶ八世紀の正倉院文書がある。その大部分を占めるのは、東大寺写経所という役所で業務のために作製された文書であるが、それらのなかには、中央官庁で廃棄された行政文書の裏を利用しているものが数多く含まれている。その廃棄文書のなかには、国内最古の戸籍といわれる七〇二年の御野《みの》〈美濃〉国（岐阜県）や筑

最古の戸籍木簡（7世紀末　福岡県太宰府市国分松本遺跡出土）

前国（福岡県）の戸籍があるが、両戸籍の記載様式は同じ造籍年（戸籍作成年）にもかかわらず大きく異なっている。御野型と西海道型《さいかいどう》（筑前・豊前国など）の戸籍の特徴としては次のような点があげられる。

御野型戸籍＝㋑人名を三段または二段に記す㋺男女順の戸口《ここう》（戸の構成員）配列記載㋩続き柄を「次」「次」と連続して記載㊁戸口に「胡禄《ころく》（矢を入れて携帯する容器）作」「矢作」「鍛《かぬち》（金属を鍛える技）」などの軍事に関わる特殊技能の注記

西海道型戸籍＝㋑一行一人ずつ記す㋺戸主の血縁の親近性に基づく男女混合の戸口配列記載㋩受田面積の記載

御野型戸籍は兵士徴発に利用しやすい様式である。大宝令《たいほうりょう》の施行（七〇一年）とともに西海道型戸籍が全国的に実施されたが、東山道などの地域は防人《さきもり》や蝦夷《えみし》に対する軍事上の必要性を考慮して御野型戸籍を保持したのであろう。

今回出土の木簡は、「評《こおり》」（大宝令以前の「郡」の古称）、冠位「進大弐《しんだいに》」の記載から、六八五年〜七〇一年のものと判断できる。それは、六八九年の浄御《きよみ》原令《はらりょう》に基づき作成された庚寅年籍の特色をものがたるものである。「次得□□兵士　次伊支麻呂《いきまろ》政丁」と続き柄を「次」「次」と連続して記載、「小子之母占ア《うらべ》真□女　老女之子得□」、「戸主妹夜乎女《やおめ》」などは、御野国戸籍「戸主甥都麻《とま》

嶋評　「戸主建ア身麻呂戸又附去建ア□［　　］×
政丁　次得□□兵士　次伊支麻呂政丁次［　　］×
占ア恵□□　川ア里占ア赤足□□□［　　］×
嶋□戸　小子之母　占ア真□女　老女之子　得［　　］×
□□□　穴凡ア加奈代　戸有　附来□□□　占ア×
□□

裏

并十一人　同里人進大貳建ア成　戸有　「戸主建×
同里人建ア咋　戸有　戸主妹夜乎女　同戸□　×
麻呂　損戸　又依去　同ア得麻女　丁女　同里□〔人力〕×
白髪ア伊止布　〔損〕戸　二戸別　本戸主建ア小麻呂×

□…読めない字　［　　］…同（字数不明）　×…折れた部分
「…照合の痕跡　（釈文は筆者）

利《り》」「戸主妻秦人余売《はたひとのあまるめ》」などと共通する表記で、この二点は、御野型戸籍の特徴に合致する。

本木簡の発見によって、浄御原令段階における戸籍は全国的に御野型戸籍を採用したという可能性が高まった。

また、「戸有…」の表記は、戸籍の戸の〝益〟（増）を意味し、「損戸」は文字通り戸の〝損〟を記したものである。さらに、冒頭部分が本文と段を別にして「嶋評嶋□戸」と帳簿の標題に相当する記載になっており、本木簡を筑前国嶋評（嶋里）の戸口の増減を記載したいわゆる「戸口損益《ここうそんえき》帳《ちょう》」に類似する帳簿と判断したい。庚寅年籍以後、次の造籍年までの六年間の戸口の異動を集計したものであろう。本木簡中の「川ア（部）里」記載は、川部（辺）里から嶋里への移住などを意味していると理解される。「戸口損益帳」は戸籍を作成する際に、六年間の人の異動をしっかりと把握し、おそらく紙に書かれた戸籍とともに付属文書として分厚い板（八ミリ）に記した「戸口損益帳」を筑紫大宰または大宰府に提出したのであろう。木簡には戸籍原簿との照合の痕跡もある。

いずれにしてもこれまで七世紀段階の戸籍は全く存在せず、その記載様式は知る術もなかった。本木簡の発見は、日本古代史学界が永年待ち続けてきた七世紀の戸籍の実態を明らかにした画期的なものである。古代国家が六六三年の白村江《はくそんこう》敗戦後の緊迫した東アジア情勢下で、七世紀末に兵士を徴発することを目的とした戸籍を全国的に作成したことが明らかとなった。

III

土器に記す

文字を刻む

英語の write（書く）はドイツ語の reißen（裂く）と同語であり、原義は〝裂く〟〝引っ搔く〟であった。中国における文字のはじまりは、亀甲や獣骨に刻んだ甲骨文字であることは周知のとおりであり、文字は引っ搔き傷つけることにはじまるのである。

近頃、新聞紙上にたびたび「日本最古の文字発見」という見出しを目にするが、ごく最近報道されたものでは、長野県北部、千曲川沿いの木島平村の根塚遺跡で出土した三世紀（弥生時代後期）の土器に記された「大」という文字がある。大まかに文字の形に表面を削った後に、鋭い線で深く「大」と刻んでいる。刻んだ文字は筆順がはっきりわかるので、古代の人々がどの程度文字を正しく理解していたかを知ることができる。この「大」の字

土器に「大」と刻む　長野県根塚遺跡（3世紀）

は先に「入」を書いて後に横画を右から左に引いており、明らかに誤った筆順である。これと同じ筆順で土器に刻んだものは、朝鮮半島で六世紀の土器に多くの類例がある。これは、もともと文字を持たなかった日本や朝鮮半島では、中国との外交文書などにたずさわるごく一部の書き手以外の一般の人々は、文字の形をそのまま眼で見て覚えて書いたことによるものと思われる。

日本の文字は、土器に刻まれた一ないし二文字からはじまり、やがて五世紀に入ると、国内政治にも文字を使い始め、戦後最大の発見と話題を呼んだ埼玉県稲荷山古墳出土の鉄剣のようにセンテンスをもつ銘文を刻むようになった。筆・硯・墨などの文房具を備えて木や紙に墨書きしたのは七世紀代に入ってからになる。

日本列島に住んだ古代の人々も、文字を記すのは土器や剣・銅鏡に刻むことから始めたのである。

福岡・三雲遺跡群にみる日本人の文字との出あい

「日本最古の文字か」という見出しが最近、新聞の紙面を何度飾ったことだろう。こうした報道には冷ややかな論評もみられる。

文字を持たなかった日本では、中国と外交関係を結んだ時点ではじめて漢字・漢文による外交文書が作成された。それが日本列島における文字のはじまりといえる。例えば「魏志倭人伝」によると、正始元年（二四〇年）に倭王《わおう》は使者に託して魏の斉王に上表文を奉り、王の詔と賜物に対して謝辞を述べている。

この点に関して、今（一九九八）から二十年前の一九七八年、世紀の大発見とされる埼玉県行田市・稲荷山古墳出土の「辛亥年（四七一年）」銘鉄剣が解読された時に、西嶋定生氏はこう指摘していた。「日本における漢字の受容は、ただ文字という高度の文化が、文字のない低い文化地域に自然に伝わっていったのではなく、日本の方にそれなりの必要があって取り入れたのに違いない。その必要とは、政治的経済的利益のために中国王朝との関係を継続しようとする政治的行為であった」

内政上はじめてヤマト王権から地方豪族に下賜された鉄剣に銘文が記されていたのが、五世紀半ばの千葉県市原市・稲荷台一号墳の「王賜」銘鉄剣である。そして、下賜される側の地方豪族が自ら王権とのつながりを明記した銘文が、五世紀後半の稲荷山古墳「辛亥年」銘鉄剣や、熊本県菊水町・江田船山古墳出土の鉄刀である。

その後、文字は広く地方にひろがり、古代国家の文書による行政が七、八世紀の段階で確立する。このように理解すれば、日本列島における文字のはじまりとひろがりを一つの流れとして説明できるのではないか。

　では、現在各地で発見が相次いでいる、二～四世紀頃の土器に記された文字は、どのように解釈すべきなのか。土器に記された一つないし二つの文字は、文章をなしていない点からいえば、やはり文字のはじまりの問題とは一線を画して考えるべきである。中国や朝鮮半島と緊密に交流していた列島各地で、鏡や銅銭などに記された文字が漢字として認識されていたのか、あるいは一種の記号・文様としてとらえられていたのか。それは明らかでないが、未知の文物として日本人に強い印象を与えたことは想像に難くない。

　福岡県前原市の三雲遺跡群から出土していた三世紀半ばの甕《かめ》の口縁部に刻まれていた記号のようなものが、鏡を意味する「竟」という字だった、と一九九八年三月八日付の朝日新聞で報道された。この刻銘土器は、二～四世紀頃の列島における文字の実相をきわめて象徴的に伝えている点に注目する必要がある。

　この土器に記銘されたものは明らかに文字であり、一見すると二文字と見てしまう。しかし、かりに一字目を「口」と読んでも、二文字目を「男」「身」などと読むのは躊躇《ちゅうちょ》するし、二文字の熟語では意味をなさない。高さ五十九センチという甕全体の大きさから見て、一文字と認識して無理はない。

福岡県前原市の三雲遺跡群出土の甕に刻まれていた文字。「竟」と読むことができる

出土鏡などにみられる「竟」という字の模式図。(左から順に、幡枝古墳、持田古墳群、平原遺跡の出土例)

私が「日本の文字のはじまり」を考えていた時にふと思いあたったのは、時期は下るが、五世紀後半（四世紀説もある）の京都市・幡枝《はたえだ》一号墳出土鏡、宮崎県高鍋町・持田二十五号墳出土鏡、そして、明治大学が所蔵している出土地不明の「火竟」銘仿製鏡《ぼうせいきょう》の存在である。きわめてよく似たこの三つの線刻銘の「火竟」の意味は、中国の文献に基づいて「鏡（=竟）による採火」と解釈されている。これらの「竟」の字形は、基本的に三雲遺跡群の土器の文字に近似している。土器と鏡の違いはあるが、ともに線刻したもので、「竟」の最終画のハネの部分を直線で記している点でも共通している。

また、三雲遺跡群の刻銘土器の出土地に近い平原遺跡から出土した、二世紀の中国鏡、方格規矩《ほうかくきく》鏡の鋳出された文字の字形は、「竟」の「立」の部分を「二」と省画した表記になっている。

さらに、今回、「竟」という字ではないかと解読した傍証として、甕の口部分近くに文字を横に刻している点があげられる。これは、外区とよばれる、鏡の周囲を一周する部分に鋳出された銘文中の「竟」の文字を視覚的にとらえて、その不確かな記憶の文字を土器にそのまま刻んだためであろう。この文字をどの程度、漢字の「竟」と認識していたか、なぜ「竟」という文字をあえて大型の甕に刻したかは不明とせざるをえない。

ただ、外交文書は別として、弥生人と文字の出合いのはじめが、中国からもたらされた鏡の銘文

（頻出する文字が「鏡（竟）」）である点と、出土地前原市が「魏志倭人伝」の伊都国の比定地で、多量の中国鏡の出土でもよく知られている点を考え合わせると、一つの解釈として「竟」の可能性を想定できるであろう。

二〜四世紀頃の土器などに記された文字は、列島における初期文字文化の実態を知るうえで貴重な手がかりとなる。古代社会における文字の問題は日本の文字文化の特質を明らかにするためにも重要であり、最古論争に終始することなく、正しい方向で解明されていくことを強く望みたい。

竈神・歳神

火をまもる神―竈神《かまどがみ》の信仰として、宮城県から岩手県南部にかけては、土間《どま》の竈の近くの柱や壁に、土や木の面をまつる風習がある。その表情はいかめしい顔が多いが、なかにはほほえんだ柔和な顔のものもみられる。竈神の顔が、製作する人のとらえ方で表情を異にするのは当然であろう。古代のいわゆる人面墨書土器に描かれた神の表情も実にバラエティーに富んでいる（人面ではなく、神面墨書土器というべきかもしれない）。

〝埴輪のふる里〟として知られる千葉県山武《さんむ》郡芝山町の庄作《しょうじゃく》遺跡は、東国ではごく一般的にみ

土製竈神（旧所在地宮城県宮崎町　東北歴史博物館蔵）

られる古代の集落遺跡である。しかし、この遺跡は何とも奇妙な資料にあふれている。人面墨書土器の中には通常の単調な描き方と違い、髭《ひげ》もじゃで手をながく伸ばした異様な図がある。また土器の底部外面に「竈神」と墨書したものも出土している。この「竈神」に関連すると思われる最近の例で注目されるのは、庄作遺跡の北に位置する佐原市馬場遺跡で、住居跡の竈内の燃焼部底面近くに、伏せた状態（倒位《とうい》）にして、坏を四枚重ね、一番上に置いた坏に「上」と墨書している。一番上のものに「上」と記していることは、ものの状態と結びついて、はじめて記された文字の意味が理解できる。これは、墨書土器の本質を解き明かす上で絶好の資料となるであろう。

中国の晋《しん》代に作られた『抱朴子《ほうぼくし》』（三一七年完成）によると、竈神が晦日《みそか》の夜、家族の功罪を天《てん》帝《てい》に報告するのを防ぐ信仰が存在していたことがわかる。それから考えるとさきの土器の状態は、竈を廃棄する際に竈神を封じ込めるために坏を伏せたものと解釈できるであろう。

異様な神を墨書した土器（千葉県芝山町庄作遺跡　複製）

一方、庄作遺跡出土の歳神《としがみ》に関する資料は、土師器坏の体部外面に一周するように連続して記されたと考えられる墨書土器である。

「×秋人歳神奉進　上総×」

断片ではあるが、「……奉進」の次の部分が約一字分空白となっていることから、この文は「上総」から始まると判断してよい。この文を復原するにあたって、現存する約三分の一ほどの断片の文字数をもとに、機械的に割り付けて全体の文字数を推定する方法を試みてみた。

「進と「上」の間が空いているので「秋」から「進」までの六文字を対象とすると、

一文字あたりの占める角度

土器片の角度約一一〇度÷六文字＝

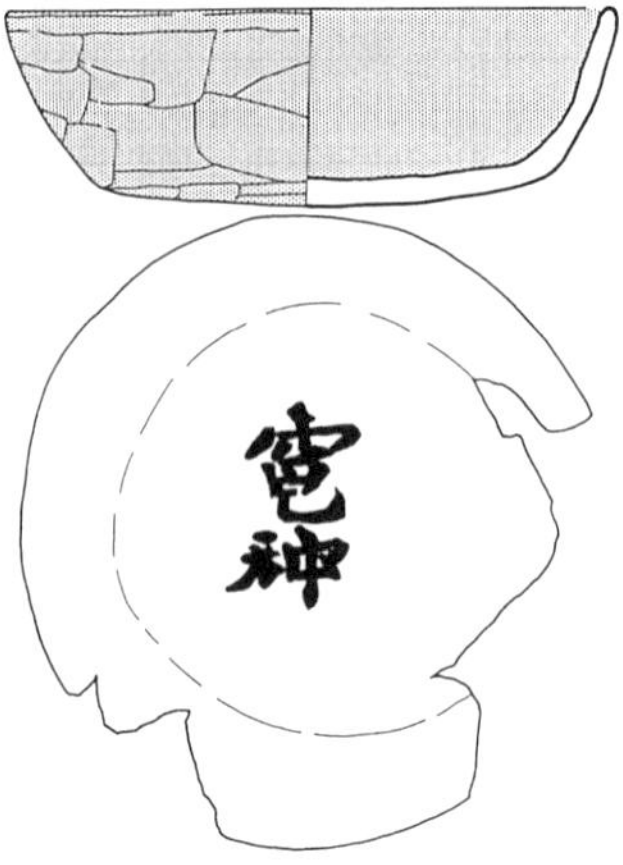

「竈神」と墨書された土器

一八・三三…度
三六〇度÷一八・三度＝一九・六七…度

となり、全体の文字数は約一九文字となる計算である。「進」と「上」との間の空白を一文字分とすれば、約一八文字で構成されていたと想定できる。この文字の内容は「上総」国を本貫地《ほんがんち》（本籍地）とする「□秋人」という人物が歳神《としがみ》に何かを奉進することを記したもので、「国＋郡＋郷＋人名＋歳神奉進」という構成であろう。

（復元案）

上総国□□郡□□郷□□□秋人歳神奉進

歳神（年神）は歳（年）徳神のことであり、その年の福徳をつかさどる神である。この神のいる方角を恵方《えほう》といい、年によって異なる。

近世の『類聚名物考《るいじゅめいぶつこう》』（神祇二）によると、「年徳とは、神書に所謂大歳の神なり。日本の国風にて、春の初め家々に棚をかまえ注連《しめなわ》をはり、此を祭り、酒菓など供するなり」という。毎年正月に

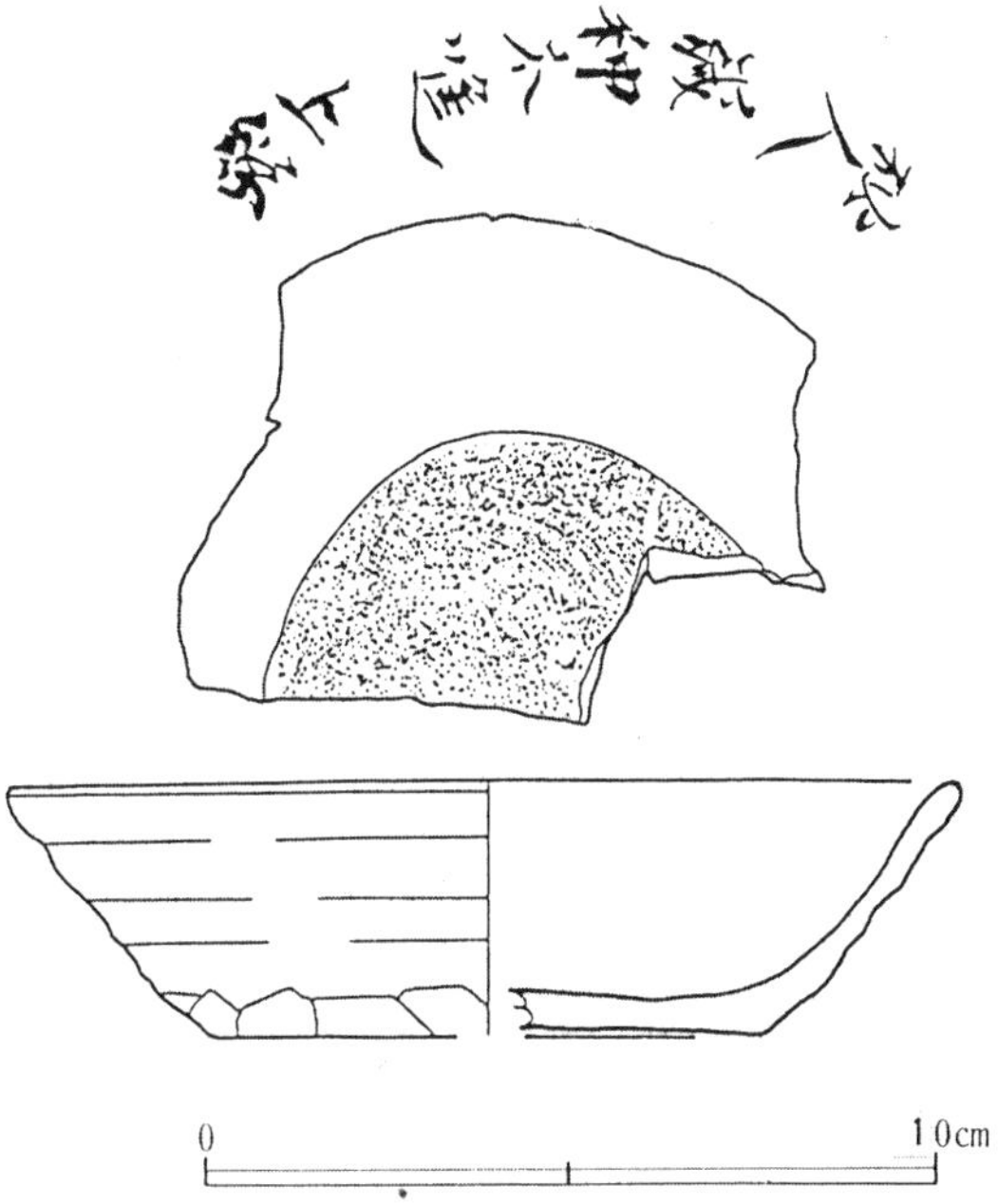

「歳神」への供献を示す土器

外面体部「×秋人歳神奉進　上総×」
（復原案）
上総国□□郡□□郷□□□秋人歳神奉進

は、歳神を家に招き入れるために、恵方に向けて棚を作り、酒肴をささげる習慣が存在したというのである。こうした習慣は各地の民俗例でも数多く確認できる。

したがって、本資料は次のように解釈することが可能であろう。

上総国武射郡某秋人が正月に福をもたらす歳神を招き入れるために、その年の恵方（この土器は住居跡の南の入り口近くから出土）にむかって、この土器（供膳用の坏型）に御馳走を盛り、「奉進」（たてまつる）したのであろう。

類似した資料として、千葉県八千代市の権現後《ごんげんうしろ》遺跡から「村神郷丈部国依甘魚」と書かれた土器が出土している。下総国印旛《いんば》郡村神《むらかみ》郷の丈部《はせつかべの》国依《くにより》が御馳走（甘魚《あまな》）を神に奉ったことを意味する墨書土器である。このように行政区画を記した例はこれまでにもいくつか知られている。それでは、なぜ神仏にささげるような墨書土器に国―郡―郷など仰々しく行政区画まで書かなければならないのだろうか。

この疑問に対する答えは、古代の仏教説話集『日本霊異記《りょういき》』のなかの次のような話（中巻第二五話）から読みとることができそうである。前段部分を要約すると以下のようである。

讃岐国の山田郡の布敷臣衣女《ぬのしきのおみきぬめ》という女性が急に病気になったために、家の門口に疫神《えきじん》（はやりやまいの神）にささげるためのご馳走を供えたところ、衣女を召しに来た閻魔《えんま》王の使者である鬼が

閻魔王（十王図　川崎市明長寺蔵）

それをつい食べてしまった。鬼は恩義を感じて、別の人、つまり同じ讃岐国の鵜足《うたり》郡に住む同名の衣女を召して閻魔王に差し出したが、閻魔王は即座にそれを見破って、結局山田郡の衣女を再度召すように命じた。

この話からもてなしを受けてしまった鬼は、もてなした人を救わなければならないことがわかるであろう。竪穴住居に住む農民が、坏型の土器に御馳走を盛って供えることは、実は病気や罪・死などを免がれんがために行った必死の願いだったのではないか。地獄絵に描かれた、帳簿と首実検する閻魔大王とその両脇でメモをとっている記録係をみたことがあるであろう。それゆえに神仏に対して願い事をする人は自らの本貫地（本籍地）を明らかにしておかなければならなかったのである。この場合、国―郡―郷という現実の社会の行政区画を祭祀用の土器に記すことは、決して地上でのやりとりではない。

この他にも、庄作遺跡では、数種類の人面墨書土器や「国玉神奉」などと記された土器などが出土している。まさに神々のオンパレードである。庄作遺跡に限らず、古代の下総国と常陸国南部さらにいえば、香取・鹿島両神宮周辺の集落遺跡は、いまや古代社会の実態を解き明かす重要な鍵を埋蔵しているといえる。

墨書土器から〝古代の村〟を読む

『万葉集』東歌《あづまうた》（三四九二番）に、

小山田の池の堤に刺す楊《やなぎ》成りも

成らずも汝と二人はも

（小山田の池の堤にさし木をして恋の成就を占う楊ではないが、うまく行くか行かないかは、お前と私の二人の心持ちひとつできまることだ。）とあり、「小山田の池の堤」から、谷水を堤によってせき止めて灌漑《かんがい》用の池を築き、水田を開発した様子を読みとることができる。人々はその水田と飲料水を求めて、台地の縁辺部に住居を定めた。古代の東国の水田開発は、台地を刻む谷の水を利用した谷水田が主流であった。

千葉県北部に位置する八千代市萱田《かやた》・村上地区の一帯は、印旛沼水系の新川本流に面し、古代の下総国印旛《いんば》郡村神《むらかみ》郷の中核となった地域である。近年、新川両岸の五遺跡（約四一万平方メートル）を発掘調査した結果、奈良・平安時代の竪穴住居約六五〇軒、掘立柱建物跡約二百棟という大規模な集落遺跡が検出された。この印旛沼一帯は、古代・中世においては霞《かすみ》ケ浦《がうら》・北浦そして手賀沼《てがぬま》ともひと続きの〝香取の海〟といわれた大きな内海であり、太平洋に開く海上交通の便に恵まれた地であった。この地の歴史を考えるうえで、海上交通の問題はきわめて重要な要素となるのである。現印旛沼の東岸地域は古墳時代から集落が集中し、印旛郡の郡家《ぐうけ》（郡の役所）がおかれていたのに対して、西岸地域の村神郷などの集落の多くは、八世紀の段階に入って新たに開発された地域である。

この五遺跡は大規模な集落構成を誇るだけでなく、われわれにとてつもない情報をもたらした点でも特筆される。それは総計約一五〇〇点にも及ぶ墨書土器である。古代集落における墨書土器の出土量としては、現段階では列島内の最大量であり、全国の研究者注視の資料群である。

その遺跡のうちの一つである村上込《こめ》の内《うち》遺跡は、台地中央に約六〇×六〇メートルの広場があり、その広場を囲むように五ブロックに集落が形成されている。村上込の内遺跡出土の二五〇点ほどの墨書土器によって、集落構成とその変遷を分析することができるのである。

一方、通常、墨書土器は、一、二文字しか文字が記されていないが、近年、多文字の墨書土器がこの〝香取の海〟一帯で出土し、その墨書内容は古代の人びとの信仰の姿を具体的に物語っている。八千代氏権現後《ごんげんうしろ》遺跡では、坏《つき》型の土器に人面を描き、さらに「村神郷丈部国依甘魚」と書かれたものが出土した。おそらく下総国印旛郡村神郷に住む、丈部国依《はせつかべのくにより》という人物が神にご馳走（甘《あま

「国玉神奉」墨書土器（千葉県芝山町庄作遺跡出土、8世紀後半、複製）

「罪司進上代」墨書土器（千葉県富里市久能高野遺跡出土、9世紀前半、複製）

魚《な》）を供献し、招福除災《しょうふくじょさい》や延命を祈ったのであろう。萱田・村上地区の北部、上谷《かみや》遺跡出土の墨書土器には、人面と「×廣友進召代　弘仁十二年十二月」と記されている。これは、○○廣友《ひろとも》が冥界《めいかい》に召されるのを免れるために供物を弘仁十二年（八二一）十二月に進上したと解釈できる。さらに印旛郡富里町（現富里市）の久能高野《くのたかの》遺跡群出土の墨書土器には「罪司進上代」とある。地上の人の罪を裁く天上（冥界）の「罪司」に賄賂（まいない）を進上し、延命を願ったものと考えられる。

ところで、律令国家は律令という法令による中央集権的な国家体制をめざしたものであるが、その行政支配を貫徹するために膨大な文書による行政が実施された。地方においても、郡司から里（郷）長に命令した木簡すなわち、〝郡符木簡《ぐんぷ》〟が数多く発見され、その支配の実態が具体的に明らかにされてきている。おそらく郡符木簡を下された里長は、広場に村人を集めて口頭で命令内容を伝達したことであろう。そこではじめて文字は村の中で権威の象徴としての意義をもったことになる。

ここに紹介した墨書土器の文章は、まさに紙や木簡に書かれた文書の記載様式と共通している。縄文時代から人々は神を篤《あつ》く信仰していたが、文字を介して神に接することはなかった。八世紀頃から人々は招福除災や延命を祈願するために、神々に供物を奉り、その意向を文字によって伝えるようになるのである。すなわち日常の行政文書表現（貢進《こうしん》文書や召文《めしぶみ》など）をもって、神に意志を伝え、ものを供献したのである。こうした祭祀の司祭者としては、律令国家の文書行政における地方での担い手であった郡司層がまずあげられるであろう。
まさに、墨書土器からも律令国家の行政支配や地方社会の実態を描くことができるのである。

則天文字《そくてんもじ》を追う

最近不振の続く邦画界で、一九八八年に公開され、雄大なスケールでえがかれた「敦煌」は久し振りの大ヒットであった。私も実に何年ぶりかで映画館で観賞した。映画の半ば、画面に奇妙な文字が登場した。十一世紀前半、宋から独立した幻の王国、西夏《せいか》の三代目の王・李元昊《りげんこう》（景宗）は宋朝に対抗し、その独立を誇示する事業として、漢字を模倣した字形（いわゆる西夏文字）を考案し、国定文字として公布した。

秦《しん》の始皇帝《しこうてい》が、はじめて、全国支配の具として漢字の統一をはかったことと一脈通ずる出来事である。始皇帝以降においても、中国の皇帝のなかには、自らの権力を誇示するために特定の漢字や独特な文字を強制的に使用させることがあった。なかでも、唐の高宗《こうそう》の后《きさき》であった則天武后《そくてんぶこう》（六二四〜七〇五）は政権を握ると、載初《さいしょ》元年（六九〇）に独特の文字・一七文字の使用を全国に発布した。この文字を則天文字とよぶ。七〇五年の武后の没後、当然のようにその使用が禁じられたため、中国では後代にはほとんど用いられなかった。

一九八七年、金沢市の南郊、富樫《とがし》山地の北側標高約一五〇メートルの山の中に、八世紀半ば頃の寺院跡・三小牛《みつこうじ》ハバ遺跡が発見され、大きな話題を呼んだ。寺院とはいえ、山中の修行道場として、それほど規模の大きくない建物跡数棟で構成されているにすぎないが、銅板鋳《い》出如来《だしにょらい》立像や「三千寺」「沙弥」などと墨書された土器が多く発見された。なかでも眼を引いたのは底部に小さく「𤯔」と墨書された土器である。二字ならば〝一生〟であろうが、一文字と判断される。実は、これが「人」という則天文字である。一生という語意から考案されたことはいうまでもない。

西夏文字

これと同様のものが、すでに紹介されている松江市出雲国府跡から出土した「埊」で、山・水・土を合成し、「地」を表わす則天文字である（東野治之「発掘された則天文字―古代の文字資料から―(2)」出版ダイジェスト一一八七号、一九八六年。）

則天文字は、正倉院にある慶雲四年（七〇七）書写の『王勃詩序』《おうぼっしじょ》にすでに使われているので、我が国へもたらされたのは大宝の遣唐使（七〇四年帰国）によると考えられている。江戸時代に岡山県から出土した下道氏夫人墓誌の吉備真備《きびのまきび》の父国勝・国依の名を「圀勝」「圀依」とする使用例が知られている。この則天文字「圀」は我が国では後まで永く用いられている。水戸光圀の〝圀〟である。

こうした特殊な文字が地方にどのように広まってゆくのかを追い求めることは興味深い。それを探る格好の素材は、近年、膨大な出土量を誇る墨書土器である。出雲と同様の国府跡である栃木市下野国府跡には「𠙺」と書かれたものがある。「千山」ではなく、「正」の則天文字ではないか。これと全く同じ字形のものが千葉県の南、九十九里に近い東金市作畑遺跡からも出土している。出雲・下野国府跡に比して、何の変哲もない古代の東国の集落遺跡にも則天文字は浸透しているのであろうか。

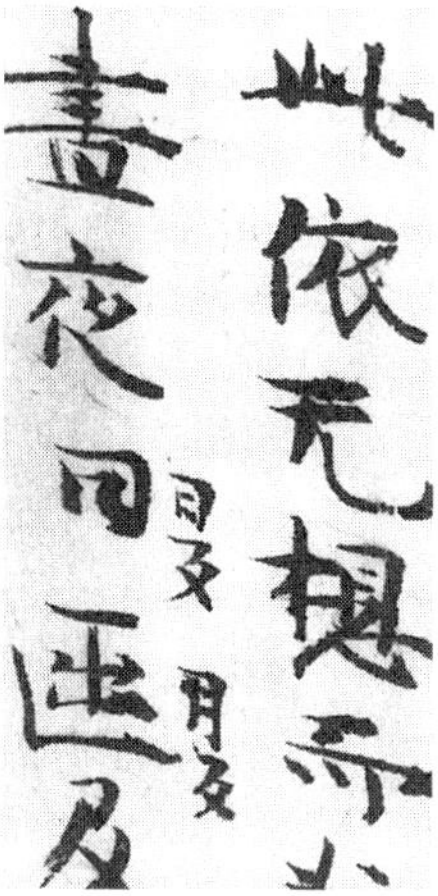

則天文字「𡆠」（日）・「𠥱」（月）のみえる大方広仏厳経（宮城県名取市新宮寺一切経）

則天文字の地方への普及には、二つのルートが考えられる。一つは、当時の基本法典の『律』を通して「圀」が普及したように、地方行政のルートが想定できる。出雲・下野両国府跡の例がこれにあたる。もう一つのルートは、三小牛ハバ遺跡のように仏典を通じて、僧侶が会得したものである。上総国の集落・作畑遺跡では、実は則天文字「缶」を出した同じ竪穴住居跡からは「寺」と書かれた土器もあり、近くからは僧侶の名と思われる「弘貫」という墨書土器も数点出土している。

私が先年調査した宮城県名取市新宮寺一切経約三千点は先頃国の重要文化財に全点指定されたが、平安後期から鎌倉前期にかけての一切経がこれほど多量に遺存している例は聞かない。そのなかでも最も古い年紀（大治四年＝一一二九）をもつ大方広仏花厳経に「𠀑」(天)「𠥱」(月)「𡔈」(初)などの則天文字を確認することができる。唐から伝えられた経典には数多くの則天文字が使用されており、その経典を底本として書写をくり返すなかで、則天文字は地方にまで広まったのであろう。八世紀初めに我が国にもたらされた則天文字は八世紀後半～九世紀にかけて北陸の山中の修行寺院や房総の村のなかにまで伝えられている。

則天文字は、山＋水＋土で「埊」、一＋生で「𤯔」のように、その大部分は語意を漢字の合成で表現している。「𢘑」は臣、「曌」は明＋空で〝照〟、永＋主＋金を組み合わせた「𨨞」は〝證〟などのごとく……。

ただ我が国でこうした則天文字を何故に土器に記したのかはよくわからない。しかも、都ではなく地方の役所や村で、土器にこうした特殊な文字を記すことにどのような意味があったのであろうか。この点を解決するには以前（『歴博』二八号　一九八八年四月）にも触れたように古代の墨書土器、とくに古代の村の墨書土器について多角的な分析が必要であろう。あえて現段階で推論するならば、日本の古代社会は、漢字がいまだ熟知されていたとはいいがたく、漢字に一定の魔力または権威が付帯されているような状態であったのではないか。そのような社会において則天文字のような特殊な文字はより一層効果的であり、その文字を記すことができるだけで一種の優越性の表徴であったともいえる。

中国では武后没後に使用が禁ぜられた則天文字は、日本で生き残った。

最近、東日本各地から出土する墨書土器は、一遺跡で千点を越す例さえ登場してきた。その解読に調査担当者とともに悪戦苦闘している。一つ一つは一文字ないし二文字のわずかな情報量ながら、それらが集積するならば、従来の文献資料とは別の、とてつもない情報を我々に語ってくれそうで、胸をときめかせながら資料調査を行っている。そのなかにどうしても周知の漢字で理解できない文字群を認めることができる。その一群に卂のような一見すると風のような文字とみてしまいそうなものが存在する。これを勝手に漢字にあててしまうことは危険である。調査担当者の方にはいましばらくはありのままにトレースして、報告書には作字で表現しておいてほしいと要望している。この文字群をみた時、則天文字一七文字の中の四文字―𠀑（天）・𡕀（載）・𠺞（君）・𡔈（初）―と共通するのではとの印象をもった。もしかすると、則天文字の𠘨かまえが強烈な印象を与え、我が国において𠘨の中に別の漢字を入れ、一種の吉祥の意味を含めた特殊な字形を考案し、使用していたのではないか。この他にも、独特の字形の漢字が東日本各地で出土しており、あらためて文字の伝播、普及のスピードに驚かされているとともに、古代人の漢字に対する摂取意欲は尋常でないと強く感じている。

Ⅳ　金石に記す

ドラマチックな復権―多賀城碑　その謎を解く―

芭蕉が奥の細道の旅で、「壺《つぼ》の碑《いしぶみ》」を訪れたのは元禄二年（一六八九年）五月八日であった。「ここに至りて疑なき千歳の記念《かたみ》、今眼前に古人の心を閲《けみ》す…」と碑を前にして大いに感動した。

この「壺の碑」とは、多賀城市の特別史跡多賀城跡の南門跡近くにある「多賀城碑」のことである。碑には多賀城から京・蝦夷《えみし》国・常陸国・下野国・靺鞨《まっかつ》国までの距離が記され、さらに、多賀城が神亀元年（七二四年）に大野東人《あずまひと》によって建てられ、天平宝字六年（七六二年）に、藤原朝獦《あさかり》が修理したことが記されている。

この碑は江戸時代の初め頃発見されたといわれ、発見直後から歌枕《うたまくら》として古くから名高かった「壺の碑」の名をもって呼ばれた。このほか、碑の周辺には「末《すえ》の松山」「野田の玉川」「浮島」などの有名な歌枕が数多く存在する。これは仙台藩の名所整備にもとづくものと考えられる。一方、隣の南部藩でも同様の歌枕を藩内に設置し、「壺の碑」は多賀城碑ではないと主張し、両藩の間で碑をめぐり激しい争いが起こった。

明治時代に入ると、多賀城碑自体の偽作説があらわれ、①文字の彫り方②書体・書風③登場人物

『奥州仙台名所尽集』より「壺碑」

の官位・官職④国号と里程——などの記載に疑問がもたれ、近年まで、江戸時代の偽作とする説が強かった。偽作に関与した人物として、藩主綱村《つなむら》や藩の儒者佐久間洞《どう》巌《がん》、さらには水戸光圀《みつくに》まであげられた。

ところが、多賀城跡の発掘調査が進むにつれ、多賀城の創建（第一期）は八世紀前半で、八世紀中頃には大規模な改修工事（第二期）が行われていることがわかった。この事実は碑文の記載に合致している。当時の文献史料には全く記載がなく、近年の発掘によってはじめてわかった事実であり、江戸時代の偽作者が碑に記すことが果たしてできただろうか。

このことをきっかけとして、従来の偽作説を一つ一つ検討した結果、必ずしも偽作説は十分な根拠をもたないこと、また文字の配列に規則性があり、割り付けの際に用いた尺度は奈良時代の天平尺であることも判明し、さらに、碑文内容は、予想以上に意義深いものを含んでいることが明らかとなった。

時の権勢者藤原仲麻呂はその子朝獦を東北地方の最高指揮官に任じた。全権をゆだねられた朝獦は、行政の中心的施設としての城柵の造営や修復を大規模に断行し、蝦夷と真正面から対立し、こののちの〝三十年戦争〟（弘仁二〈八一一〉年の文室綿麻呂《ふんやのわたまろ》の「征夷」まで）の発端を作った。そのような華々しい事績を朝獦自ら顕彰しようとしたことは十分にうなずける。加えて靺鞨国に象徴されるように、この碑文は最新の外交知識に基づいており、碑全体が当時の政治情勢を如実に反映させている点、歴史上意義深いものがある。

多賀城碑拓本

井原西鶴、新井白石など当時の有名な文人たちが碑に大きな関心を示し、その名声は朝鮮、中国にまで及んだという実に華やかだった江戸時代に比して、明治以降の国史学者を中心とした碑に対する嫌疑は、一転して碑を〝日陰者〟の地位に沈めてしまった。その碑が戦後の考古学の発掘調査を契機として、再び脚光を浴びようとしていることはあまりにもドラマチックであり、また、わが国の学問の動向を象徴する出来事ともいえるのではないか。

国文学・考古学・古代史学さらに筆跡心理学・地質学などの幅広い分野の十年間にわたる学際的研究の成果が一九八九年、『多賀城碑—その謎を解く』（雄山閣出版）として刊行された。こうした試みは、わが国の金石文研究ではおそらく初めてであろう。本碑を真物とすれば、その資料的価値ははかりしれないものがある。芭蕉が「千歳の記念」と感涙にむせんだ「多賀城碑」は偽碑ではないと信じたい。

発掘が明らかにした多賀城碑の真偽

多賀城碑は、京および蝦夷《えみし》・常陸《ひたち》・下野《しもつけ》・靺鞨《まつかつ》国（中国東北部）からの距離を記して多賀城の位置を示し、さらに多賀城が神亀《じんき》元年（七二四）に創建され、天平宝字《てんぴょうほうじ》六年（七六二）に改修されたことを記した石碑である。

この碑は、江戸時代、十七世紀半ばごろから人々に知られるようになり、当初は「壺の碑」といわれていた。「壺の碑」は、平安末期の有名な歌人西行《さいぎょう》の「むつのくの奥床しくぞ思ほゆる壺のい

空からみた多賀城跡と多賀城碑

しぶみそとの浜風」という歌などで知られた歌枕のことであり、多賀城碑はこの歌枕と結びついて登場する。碑は現在宮城県多賀城市市川の多賀城跡に立っているが、この近辺には「壺の碑」だけでなく、他にも「末《すえ》の松山《まつやま》」「浮島《うきしま》」「野田《のだ》の玉川《たまがわ》」などといった古代からのみちのくに関わる歌枕が集中していた。その歌枕として歌われた碑が発見されたというので、江戸時代の文人たちが大勢この地を訪れるようになる。その一人が松尾芭蕉で、『奥の細道』の行脚《あんぎゃ》の途中、この地を訪れ、碑を眼前にして、涙がこぼれるほど感動しているのである。

多賀城碑は発見された当初は覆屋《おおいや》もなく、苔《こけ》むした状態だったと考えられる。歌枕「末の松山」はすでに室町時代に人々が訪れているが、当時はまだ壺の碑は登場していない。おそらく、仙台藩二代藩主の伊達忠宗《だてただむね》が「末の松山」などを中心に藩内の名所整備をした際に、この碑を確認し、有名な歌枕「壺の碑」にあてたというのが真相と考えられる。

この碑は栃木県の那須国造碑《なすこくぞうひ》と深い関係がある。那須国造碑は、水戸光圀《みとみつくに》によって元禄《げんろく》四年（一六九一）に覆屋が建てられた。光圀は、この経験から、仙台藩主の伊達綱村《つなむら》に対して書簡（「義《ぎ》公《こう》〈光圀の諡《おくりな》〉書簡《しょかん》」）を送り、那須国造碑と並んで大変すばらしい碑である壺の碑は、まだ覆屋がなく、破損していると聞いているので、何とか修復を加え、碑亭（覆屋のこと）を建て永く保存できるようにしてはどうかと申し出た。しかし、明治期になって、水戸学の栗田寛《くりたひろし》（史学者）がこの「義公書簡」を拡大解釈して、壺の碑を発見したのは光圀であると強調したことが、偽作説を生み出すきっかけになったといえる。

一度疑問をもたれた碑は、その後、さしたる根拠もない偽作説がつぎつぎと打ち出され、近年はほぼ通説として定着した感があった。この偽作説を再検討しようという動きが現れたのは、一九六三年（昭和三十八）に始まって七〇年代に本格化した多賀城跡の発掘調査が契機であった。調査の結果は、碑文の「神亀元年大野東人《おおののあずまひと》が置く所なり」および「天平宝字六年藤原朝獦《ふじわらあさかり》が修造するなり」の記載と全く矛盾しない。しかもそのことは正史の記載に見られないのであるから、もし仮に碑が近世の偽作ならばこのような記載をすることは不可能であろう。偽作説は完全に斥けられ、多賀城碑は一九九八年（平成十）、国の重要文化財に指定された。

戦後の考古学の発掘調査を契機として偽作説を斥け、さらに近年の古代日本と古代朝鮮三国や渤《ぼっ》海《かい》との交渉など東アジア関係史の研究の進展に伴い碑文内容が新たに脚光を浴び始めたことは、わが国の学問の動向を象徴するものといえよう。

「王賜」銘鉄剣―千葉県市原市稲荷台一号墳出土―

一九八八年、新年早々の一月十一日に公表された千葉県市原市稲荷台《いなりだい》一号墳出土の「王賜……」と記された鉄剣は、日本で書かれた最古の銘文を持つ貴重なものである。さらにそれは、古代国家形成期の畿内王権と東国との関係を示す重要な資料であるといえる。そのため、公表後多くの方々からその公開を求める声が寄せられている。そこで国立歴史民俗博物館における特別公開（二月十六日～三月六日）は、こうした声に答えるため、国立歴史民俗博物館・市原市教育委員会・(財)市原市文化財センターの共催により、実施するものである。

この展示では、鉄剣の年代やそれを所持していた人物の性格を考える上にかかせない稲荷台一号墳のその他の出土品、さらに比較資料として稲荷山鉄剣をはじめとする古墳時代の有銘刀剣類や七・八世紀の墓誌などの複製資料を併わせて公開する。

稲荷台一号墳は直径約二七ｍの円墳で、古墳の規模としては中程度のものである。一九七六年から七七年の調査によって、その墳頂部の埋葬施設から「王賜」銘鉄剣ともう一本の剣、短甲《たんこう》一、鉄《てつ》鏃《ぞく》一〇点など検出され、葬られた人物は武人的性格が強いと考えられる。銘文には年紀が記されていないが、埋葬時期を示す古墳の周溝から出土した須恵器の年代は五世紀後半も比較的早い段階と考えられ、「王賜」銘鉄剣はそれをさかのぼるものとみて間違いないであろう。

〔釈文〕（表）王　賜　□　□　敬　□《安カ》
　　　　（裏）　　此　廷　⬚　⬚　⬚　⬚

剣の全長は約七三センチ（埼玉県稲荷山鉄剣は七三・五センチ）で、銘文は剣身の下部の表・裏に六文字づつ記されていると推定した。

本銘文の特色は次の四点である。

①　冒頭に年号・干支《かんし》を欠く。

②　「王」とのみ記し、「〇〇王」とはない。

③　「王」を〝抬頭〟（貴人に関する語に敬意を表して改行し、普通より上に書くこと。）させ、「王賜」の象嵌《ぞうがん》を若干太く強調している。

④　剣身の関《まち》近くに表裏にわたって簡潔な文章を記す。

以上から、本銘文の主旨は、「王賜□□（剣の意）」にあり、王から鉄剣を授けたこと（下賜《かし》）を表現したと考えられる。

本銘文は古代国家形成期における王の下賜刀の典型的文型であると思われ、また稲荷山古墳（全長一二〇m）に比べて、はるかに規模の小さい円墳から出土したことから、今後、同様の銘文をもつ刀剣が東国をはじめ他の地方から出土する可能性を指摘できる点に大きな意義がある。

現状は象嵌がほとんどサビにおおわれているが、X線撮影により文字は鮮やかにキャッチされた。

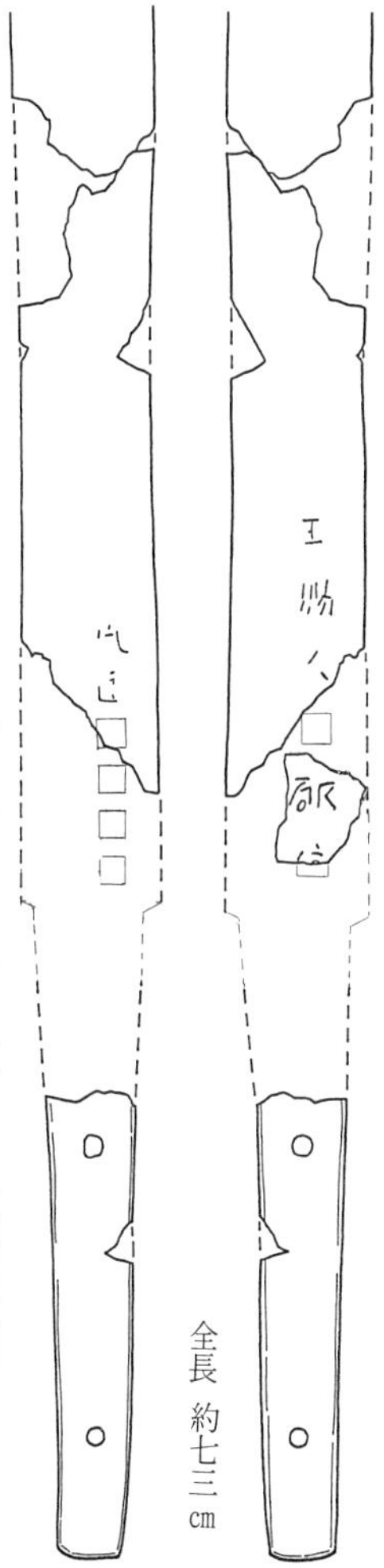

「銘文」の釈文　（表）　王賜□□敬安

（裏）　此廷刀□□□

「王賜」銘鉄剣

（千葉県市原市稲荷台古墳出土）

ほんのわずかにのぞいた象嵌の痕跡にも注意してほしい。

一九七八年の稲荷山鉄剣銘発見からちょうど十年、今ここに再び五世紀からのメッセージが届けられた。

古代印の編年を目指して

一九八五年のことと記憶している。先年亡くなられた東北大学名誉教授で、当時福島県文化財保護審議会委員をされていた伊東信雄先生より、福島県磐瀬《いわせ》郡天栄《てんえい》村志古山《しこやま》遺跡から出土した銅印を近く県指定文化財としたいが、釈文「丈部私印」に若干問題がありそうなので解読してくれないかという指示を受けた。

まず最初に拓本でみたが、問題の二文字目は「〓」とあり、「部」でないことはあきらかである。ただ、「〓」は「龍」の旁《つくり》のみを記した異体字「〓」に類似しているが、横画が不足している。そこで実物資料を観察した結果、その横画の欠損を確認し、「〓」＝「〓」＝「龍」とみて間違いないと判断した。それでは「丈龍私印」の文字構成はどのような意味をもつものであろうか。

その印文の内容を推測する上で、最も好例なものは茨城県那珂《なか》郡大宮町の小野遺跡出土の銅印「丈永私印」である。この小野遺跡からは、台渡里《だいわたり》廃寺跡（水戸市渡里町）出土瓦と同じ「□里丈部里」と記された平瓦が出土している。台渡里廃寺跡の文字瓦には、「阿波郷丈部里」とあり、この地が『和名類聚抄《わみょうるいじゅしょう》』の那珂郡阿波郷であり、郷里制（七一七〜七四〇年の地方行政組織）下に「丈部里」が設けられていたのである。従って、同地に丈部姓が多く分布しており、銅印「丈永私印」の「丈」は丈部を意味し、「永」は名の一文字とみなし、「丈永」は「丈部永○」の略と考えられる。

もう一つの例は新潟県上越市江向《えむかい》遺跡出土の銅印「高有私印」である。本遺跡は古代の越後国の国府所在郡・頸城《くびき》郡に属することは間違いない。頸城郡の在地豪族は高志君《こしのきみ》（公）であり、宝亀十一（七八〇）年の「西大寺資財流記帳《しざいるきちょう》」には「頸城郡大領《だいりょう》高志公船長」がみえる。私印の所有は印の意義を十分に認識しえた郡司などの地方官人層が他に先がけて欲したと考えられる。その意味からもこの私印「高」は頸城郡の郡領氏族でもある「高志君（公）」が最も該当するのではないか。つまり銅印「高有私印」は、「高志君（公）有○私印」を意味しているのであろう。

これらの例を参照するならば、「丈龍私印」は、以下のような推測を加えることが可能である。

出土印「丈龍私印」
（福島県志古山遺跡）

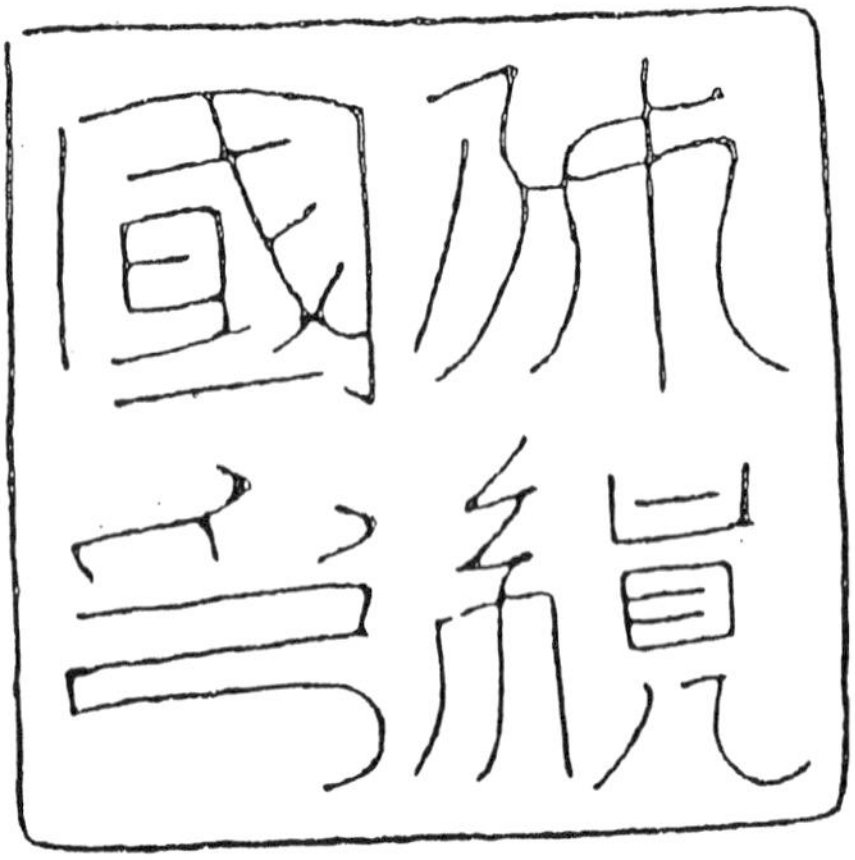

正倉院文書に押された伊賀國印　天平二年（731）

私印は、公式令《くしきりょう》には規定がなく、我が国において公印を使用しはじめた八世紀初めには原則的に禁じられていたと考えられる。私印の史料上の初見は『続日本紀』天平宝字二（七五八）年八月甲子条で、藤原仲麻呂が太保《たいほう》に任ぜられ、「恵美《えみ》私印」の使用が認められた。このほか正倉院文書等で八世紀後半には「生江息嶋《いくえのおきしま》」「丸部足人《わにべのたりひと》」「画師《えし》池守」など十数種の私印が確認されている。このように私印は八世紀半ば以降、中央においては、貴族官人から、下は写経生・画師に至るまで広く用いられていたのである。おそらく地方においても、私印の使用が盛行であったことは近年の各地の出土資料が如実にものがたっている。そして先にふれたように地方における私印は、公印使用にかかわる国司・郡司等の地方官人層が逸速く所有したと考えられる。

ところで、志古山遺跡の年代はまだ確定されておらず、銅印の年代も採集品であるだけに、にわかに決めがたいが、出土遺物の年代は八世紀後半から九世紀前半にかけての時期がその中心とされている。史料上、「陸奥国磐瀬郡権大領外従七位上丈部宗成」（『続日本後紀』承知十五〈八四八〉年二月壬子条）などと磐瀬郡の有力豪族として丈部姓が存在していることは確かである。磐瀬郡の有力豪族が丈部姓を称したことから推して、「丈龍私印」は「丈部龍〇」を意味していると解してよいであろう。

新たに発掘された銅印のなかには常識的な理解が通用しないものもある。滋賀県栗太郡栗東町《りっとう》辻遺跡出土の銅印は、通常の左文字による判読では不明とされていた。しかし、銅印を筆者らが実見した結果、左文字ではなく、正位《せいい》文字で「内真」と解読できた。また、文字は鋳型によるのではなく、正位文字を浅く彫り付けたものではないかと考えられる。しかも、この銅印の出土遺跡は小さなピット内に埋納されていたという。結局のところ、この銅印は正位文字・制作技法さらに出土遺構との関連から、文書に押印する本来的な銅印ではなく、地鎮等の祭祀・儀礼に伴うものであると判断できよう。

日光男体山《なんたいさん》頂祭祀遺跡より一括発見された十一顆《か》の銅印のうち「凧」は、「生万」に「几」を合わせた字形である。正倉院文書中にみえる「凧」は、桴領《いかだ》調足万呂《つきのたりまろ》の私印である。こうした字形は、近年、各地より出土する墨書土器に見い出すことができる。

古代の墨書土器にみえる「亢」およびそれに類する字形は、則天《そくてん》文字や道教《どうきょう》の呪符の影響と考えられ、我が国において「几」や「八」のなかに別の漢字（福島県辰巳城遺跡出土墨書土器「凧」、群馬県清水田遺跡出土墨書土器「凬」など）を入れ、一種の吉祥《きっしょう》または魔除《まよ》け的な意味を含めた特殊な字形として使用していたのであろう。

この墨書土器・正倉院文書の類例を参照するならば、銅印「凬」は「生万呂」という人物名に吉祥または魔除け符号「八」を付したと理解できるのである。

このように、四文字私印や正位文字印などの例でも明らかなように、古印はこれまでそれぞれ単体として別個に取扱ってきたので、その印文はきわめて恣意的解釈に陥りやすかった。また、志古山遺跡の「丈龍私印」の例のように、出土銅印は発掘調査による明確な遺構に伴うものではなく、表採資料が意外と多い。従って、出土銅印の年代はほとんど特定できないのが現状である。

ところで、全国各地の神社仏閣および個人に所蔵されているいわゆる伝世印《でんせいいん》も数多い。伝世印のなかには、出土品を奉納したものも少な

出土印「山辺郡印」（千葉県八街市出土）

くない。伝世印のなかでも、「隠岐《おき》倉印」「駿河《するが》倉印」「但馬《たじま》倉印」さらに「国府厨《くりや》印」（宮城県鼻節《はなぶし》神社蔵）「申田《さるた》宅印」（茨城県鹿島神宮蔵）など、出土品や印影にみえない貴重な古印があり、また両者との比較資料としても欠かすことができない。それらの伝世印の多くは伝来の経緯が明らかでなく、その制作年代も不明である。

一方、古代においては各種の文書に印が押され、その一部の文書が現存している。それらの文書は通常、年紀が明記されている。しかし、その印影が薄かったり、印自体の欠損箇所や押印の時の紙のヨレ具合によっても微妙に印影を変えてしまう。また、印影の場合、その印の形状をもちろん知ることはできない。

伝世印「伊保郷印」
（豊田市郷土博物館蔵）

印の研究について、これまでは専ら印章学の立場から扱われ、古代の歴史資料としては十分に活用されてきたとはいいがたい。それは古印について出土資料・伝世資料・印影資料がそれぞれ関連することなく別個に扱われ、年代が不明であったことに起因するであろう。

文書に押された印章は多くの場合、年紀を伴うことから、絶対年代を伴うことの少ない出土品や伝世品を調査研究する上で重要な比較資料となる。逆に印影資料にない印の形状や彫り方さらに材質等の情報は出土品から得られる。その上に印の文字構成や字体、さらに出土・伝世印の科学的分析データを加えた古印に関する総合的研究を推し進めるならば、今後古印は新たな古代史資料として重要な位置を占めることも可能になるのである。

国立歴史民俗博物館では、歴史学研究上、これまで必ずしも十分に、目が向けられなかった歴史資料について、「非文献資料の基礎的研究」と題して調査を長期計画のもとに実施してきた。その一つとして、一九九二年から三カ年かけて、全国各地の研究者の協力を得て、出土・伝世資料を集成し、さらに同僚の永嶋正春氏による出土・伝世資料のX線回折・蛍光X線分析データ、および古代文書の印影資料を加えた古代印の総合的調査を実施した。この調査成果については、報告書を近く刊行する予定である。そのためには、発掘調査における出土印の明確な出土層位・出土遺構と共伴遺物による推定年代に関する情報が不可欠である。全国の埋蔵文化財関係者の方々からの出土印に関する情報提供をお願いしたい。

こうした基礎資料集成を通じて、三者を比較検討し、我が国における古代印の編年を確立することを最終目標としたい。

（註）報告書は一九九九年『国立歴史民俗博物館研究報告七九　日本古代印の基礎的研究』として刊行した。

多胡碑の輝き

上野国の西部六郡は一体

古代日本では、各国ごとに国─郡─里（郷）という三段階の行政組織が設けられた。十世紀前半に作られた日本最初の百科事典『和名類聚抄《わみょうるいじゅうしょう》』によると、当時の日本は六六カ国と二島（壱岐・対馬）、約五九二郡、約四千郷であった。一郷は原則として五〇戸から構成されている。全国平均をみると、一国当たり八・七郡、郷数でいえば、五八・八郷である。上野国は一四郡一〇二郷であり、全国平均をはるかに上回る大国であった。

古代の地方行政は、それぞれの地域性を配慮しながら合理的に運用されており、一国内の行政支配を貫徹させるために、道前《どうぜん》・道後《どうご》という方式が実践されていた。国内を二分し、都に近い地域を道前（道口とも書く。みちのくち）、遠い地域を道後《みちのしり》とする広域行政区画を設定したのである。国司が各郡に命令を発する時に、国符（符とは上級官庁が直属の下級官庁に下した文書）を二通発行し、道前・道後に分けて送ることにより、伝達のタイムラグ（時間的ずれ）を防いだ。

広大な上野国も、その地域性を十分にふまえた道前・道後方式によって、行政運用が図られた。

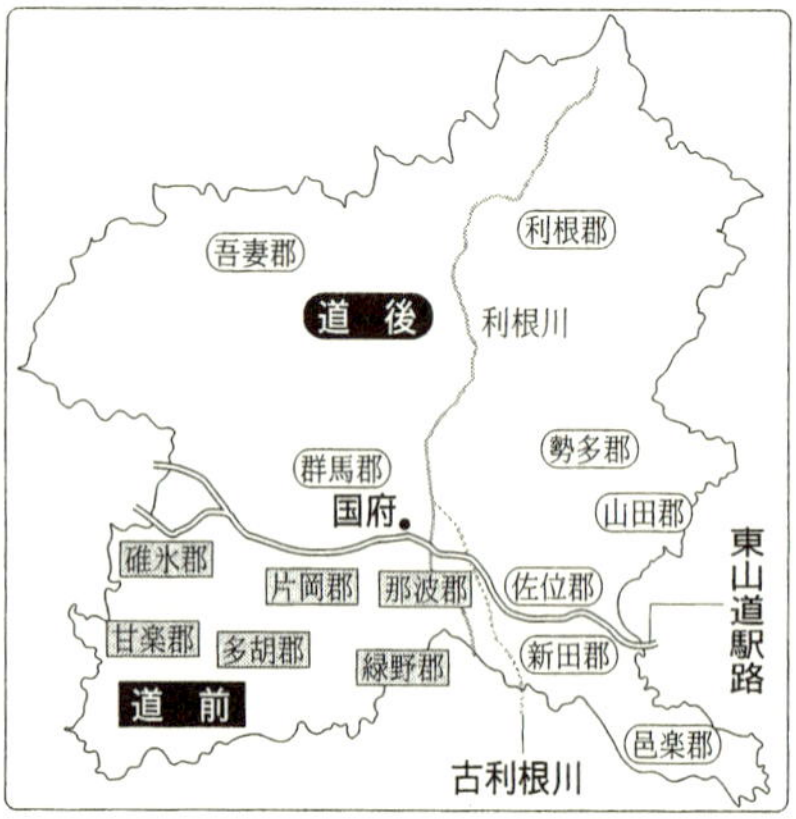

上野国の郡の分布

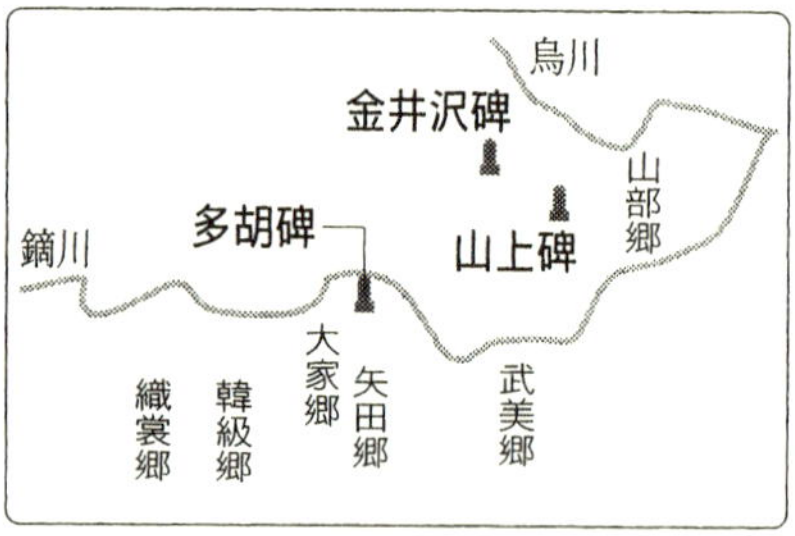

多胡郡と六つの郷

上野国を二分して貫く利根川と官道である東山道が、上野国を西部（道前）と東部（道後）に区分した。西部（道前）は碓氷《うすい》・片岡・甘《かん》楽《ら》（良）・多《た》胡《ご》・緑《みど》野《の》・那《な》波《は》の六郡五一郷、東部（道後）は国府の所在する群馬《くるま》郡をはじめ吾妻《あかつま》・利根・勢多・佐位《さい》・新田・山田・邑楽《おはらき》の八郡五一郷で、文字通り二分されているといえる。多胡郡はこうした背景のもとに誕生したのである。

多胡碑の碑文と同じ内容の記事が歴史書『続日本紀《しょくにほんぎ》』和銅四（七一一）年三月条にある。

「上野国の甘良郡の織裳《おりも》・韓級《からしな》・矢田《やた》・大家《おおやけ》、緑野郡の武美《むみ》、片岡郡の山《やま》など六郷を割きて、別に多胡郡を置く。」

一つの郡を建てるのに、甘良・緑野・片岡の三郡から六郷を割いている。甘良郡の場合には、郡の中心であった「大家郷」を多胡郡に移し、さらに多胡郡成立後、隣接する片岡郡には「多胡郷」を置くという全国的にも異例な建郡方式である。

多胡郡の名は、多勢の胡人から成る郡に由来するとされている。「胡人」とは、中国で、北方または西域の異民族を指していう。例えば、クルミは中国では西域からもたらされたことから「胡《ご》麻《ま》」「胡椒《こしょう》」などと同様に「胡桃」と書き、日本では中国（呉《くれ》）から伝わってきたことから「呉桃」とも表記した。当時の日本では中国大陸・朝鮮半島などから渡来した人々を、胡《こ》・呉《くれ》・漢《あや》・韓《から》などと表記した。

上野国の西部地域は、「多胡郡」の名に代表されるように、朝鮮半島などからの渡来人《とらいじん》を集中的に遷置している。その渡来人の先進的な技術は、西部地域の藤岡古窯跡群（藤岡市西方）、吉井古窯跡群（高崎市吉井町）などの須恵器窯・瓦窯、織物生産などをはじめ、多様な生産活動の場で発揮されている。

さらにこの地域には、律令《りつりょう》国家に服属した東北地方の蝦夷《えみし》（俘囚《ふしゅう》とよばれた）も移住させられ、碓氷郡など三郡に「俘囚郷」が設置されている。

こうしたあり方からも明らかなように、西部（道前）地域は、律令国家体制下で六郡に分けられたが、本来は一体的な地域であったのであろう。この西部地域の特性が、全国的にも異例な多胡郡の建郡方式を可能にしたのではないか。

多胡碑建立

日本列島に石碑が建ちはじめたのは七世紀頃からである。それ以降、九世紀前半までの間に現在知られているかぎりでは二六基が建てられ、一七基が現存している。この石碑の数は、石碑文化の華やかな古代中国および朝鮮と比べると、きわめて少ない。そもそも碑を建てるということは日本固有の文化ではないのである。それではなぜ石碑を建てたのか。

多胡碑とともに日本三古碑の一つである宮城県多賀城碑は、八世紀半ばの権勢者であった藤原仲麻呂の子・朝獦《あさかり》が建立した。朝獦は当時外交官として東アジアの情勢に通じ、碑の文化を知りつくした人物である。また、同じく三古碑の一つ那須国造碑は、中国の年号（永昌元年）で始まる碑である。多胡碑・山ノ上碑・金井沢碑の上野三碑は、渡来人の集住した西部地域内に、近接して立碑している。このように碑の多くが、渡来人を含めて、何らかの形で古代中国や朝鮮の文化に深く連関しており、それぞれに特別の意味が込められているのであろう。

日本の石碑の多くは、道登《どうとう》という僧侶をたたえた碑である京都の宇治橋碑や、亡くなった国造（地方官）に対してその子供がたたえた碑である那須国造碑のように、山ノ上碑や金井沢碑も含めていずれも仏教色の強い碑であり、文字も小さく端正につつましく書かれている。

　それに対し、多賀城碑は多賀城の修造碑とされているが、むしろ修造した藤原朝獦自身の顕彰碑とみられる。多胡碑も和銅四（七一一）年に多胡郡を設置したことを記した建郡碑であるが、さらにいえば、「三郡のうち三百戸を〝羊に給いて〟多胡郡と成す」という点に注目するならば、単なる建郡碑ではなく、「羊」というおそらく多胡郡の長官（大領）になった人物の顕彰碑とみるべきであろう。

自然石のままに刻まれた石碑（群馬県金井沢碑）

　多胡碑は、中国の唐代に盛んに作られた、碑石の上に笠石となる大きな石をかぶせた蓋首《がいしゅ》とよばれる碑形である。上野三碑の山ノ上碑・金井沢碑が自然石のままの碑形であるのとは著しく異なっている。多賀城碑も中国の代表的な碑形である円首碑にならっている。また多胡碑の文字は、一文字平均七～九センチと大ぶりである。この大きさについては、碑の材質（牛伏砂岩）が

多胡碑（群馬県高崎市）

軟質であることから、小さい文字では字画がつぶれてしまうおそれがあるという理由で説明されている。しかし軟質な石材という理由だけではなく、多賀城碑と同様に意図的に文字が見るものに迫るような大きさで記されているとみるべきであろう。このように個人を顕彰することを目的とした多賀城碑と多胡碑は他の石碑と異なり、文字も碑形も比較的大型に仕上げて政治的な匂いをそこに漂わせ、主張しているのではないか。

多胡碑は、今後の調査研究の進展とともに、古代日本そして上野国にとって、ますますその輝きを増すに違いない。

V 古代の文字の読み解き方

偽物（にせもの）・真物（ほんもの）

日本人のブランド品志向は相当なものである。業者もその弱味につけこみ、巧みに偽ブランド物を作る。ワニが右を向いたり、左を向いたり、口を閉じたり、開けたり、はては色違いと。この偽物商法も真物がなければ成り立たない。

我が国の歴史上、偽物作りが最も盛んに行われたのは江戸時代である。泰平の世の〝遊び心〟が生み出した一大文化でもある。偽書もその一つである。

古代の基本文献である『類聚国史《るいじゅうこくし》』（菅原道真《みちざね》が六国史の内容を分類し、編年順に並べた。二百巻のうち現存六二巻。八九二年成立）の偽書は、駿河国浅間神社の神官の手により作られ、当時の各地の地誌などにそのまま引用されている。また奈良時代に撰進された『風土記』に擬した『日本総国風土記』残篇一七冊が江戸時代前半、突如登場する。ところが、この風土記については、すでに正徳三（一七一三）年、関祖衡《せきそこう》によって、記載内容、形式が古代のそれに合わないことなど十二条にわたって疑点が列挙された。祖衡はこうした偽書の横行する当時の状況を次のように述べている。

近世治平、而して文事漸く起こり、好古の公侯、千金を募り、古典を求む。是れ故に姦民、古典を偽作し、利を鉤《ひきつ》り、世を惑わすこと実に惜《なげ》くべきか。

好事家が大枚《たいまい》をはたいて古典を手に入れ、それを下敷として新たな古典を偽作し世の中を惑わしている情勢を嘆いている。

ところが、苦心惨憺の末に作られた高いレベルの偽書は世の中を惑わす弊害のみではない。一九七五年、古代城柵の一つ、払田柵跡《ほったのさくあと》（秋田県仙北町）から出土した木簡に次のように記されていた。

・□如件　六月廿□
　　　、、
　　　假粟□
・□直　強□

この仮（假）粟という熟語（仮貸の粟《あわ》、出挙《すいこ》〈古代の利子付き貸借〉用の粟の意）は古代の文献史料には見当たらない。しかし『日本総（惣）国風土記』残篇には「假粟」の語が頻出する。

　日本惣国風土記第一〇六
　　陸奥国宮城郡・大村庄の項
　　　内閣文庫本（文化十三年伴信友写）

おそらく「假粟」の語は『日本総国風土記』の下敷となった古典に存在したのかもしれない。したがって、『日本総国風土記』は偽作であったとしても、その典拠となったものについて追求する必要は大いにある。偽書作りは、まず古典を求め、それに後世の粉飾をほどこす。それゆえに、その粉飾を削りとれば、偽書の下敷となったものを摘出できる。下敷となった古典のなかには京都の公家の家に代々伝えられた貴重な写本で、現在に伝わっていないものがあるかもしれない。

一方では、然《さ》したる根拠もなく、偽物と疑われたために長い間かえりみられなかった資料も少くない。古代東北地方の政治・文化の中心多賀城の遺跡に建つ多賀城碑は、明治以降、国史学者を中心とした人々によって嫌疑をかけられ、最近まで偽物とされていた。ところが多賀城跡の発掘調査の結果、多賀城の時期変遷は多賀城碑の内容とほぼ合致していることがわかった。そこで、偽作説を洗い直してみると、意外と確かな根拠もないことが明らかになった。多賀城碑の場合、偽作説が存在したからこそ、文献史学のみでなく、考古学、国文学、地質学、筆跡心理学など他方面からの検討を加える機会を得ることができたともいえる。不幸中の幸いであろうか。

秋田県払田柵跡出土木簡

『日本総国風土記』残篇

また、歴博で複製した熊本県下益城《しもましき》郡豊野村（現宇城市豊野町）の浄水寺《じょうすいじ》石碑もその一つである。浄水寺石碑とは、古代の年号が記された次の四碑のことである。

延暦九年（七九四）南大門碑
延暦二〇年（八〇一）燈籠
天長三年（八六二）如法経《にょほうきょう》塔
康平七年（一〇六四）寺領碑

九州に残る最古の石碑群である。当然、国の重要文化財として指定されるべき石碑なのに、かつてこれらの碑も偽物説がでたために指定にいたらなかったという。この偽物説も例によってはっきりと提示されたものではなく、その根拠の一つは延暦の二碑と天長碑の紀年銘に干支がないということらしい。しかし当時の金石文の紀年銘で干支を記さない例はいくらでもある。例えば、同時期のものでは、宝亀九年（七七八）の宇智川磨崖経碑《うちかわまがいきょうひ》（奈良県吉野郡五条町）などがある。この偽物説の登場とともに、人々の関心を失い、古代史の研究論文で浄水寺碑文を利用したものはほとんどないといってよい。

一九九二年の夏、複製製作にともない現地調査のために熊本を訪ねた。不知火湾から若干内陸に入った所の、現在、下郷神社の境内に野ざらし状態で建っていた。一九五一年から一九五五年にか

熊本県浄水寺石碑スケッチ
（「肥後国古塔調査録」明治10年代頃）

熊本県浄水寺石碑調査風景
（地元研究者との共同調査　1992年8月26日）

けて熊本大学の松本雅明氏による解読等の調査が実施されたが、それ以後明らかに欠損した箇所もみうけられる。蚊に悩まされながら半日ほど実見し、その後も数回現地を訪れ、調査した結果、彫り方、字体、内容など、どれ一つとっても疑う余地は全くなかった。結論は今後の本格的調査によって下されるべきであるが、古代の石碑群とみてまちがいないであろう。特に最も古い年紀をもつ南大門碑は古代における肥後国の浄水寺（初見は『日本後紀』天長五年〈八二八〉十月乙卯条）の活動状況を伝えており、天長碑に記された条里制表記もまことに貴重な資料である。なお、近世肥後地誌の最初のものとされる『国郡一統志』（寛文七年〈一六六七〉）にはすでに天長碑が解読されている。

現物を一瞥《いちべつ》して偽物と決めつけてしまうような、学者の無責任な発言が一つの重要な歴史資料を〝日陰者〟の地位に沈めてしまう。多胡碑（群馬県吉井町）も多賀城碑もかつて石材が砂岩であるから脆《もろ》く、とても一二〇〇年も原状を保つことができないという理由だけで偽物と断定されたこともある。多賀城碑の検証にあたって、地質学者の分析結果は砂岩といっても花崗《かこう》質砂岩で、材質の面では何ら問題ないという。浄水寺碑については、近く地元の研究者と本格的共同調査を実施する予定である。放置状態の碑の保存対策を早急に構ずるためにも調査を急ぎたい。

確かな理由もなく、疑いをかけられ、埋れてしまった資料は意外と多い。その忘れ去られた資料について、〝疑わしきは触れず〟の学界風潮を打破し、諸分野の研究者による徹底した現地・現物調査にもとづく総合研究を実施し、白黒を決すべきである。その場合、たとえ偽物であってもまた貴重な歴史資料であることを忘れてはならない。

手習い事始

奈良の東大寺大仏殿の北に正倉院《しょうそういん》宝庫がある。宝庫には、光明皇太后《こうみょうこうたいごう》が大仏に寄進した聖武太《しょうむたい》上《じょう》天皇の遺品六百点余をはじめ、数多くの宝物が納められ、奈良時代の美術工芸の粋《すい》を今日に伝えている。この宝物とともに表裏一万数千通にものぼる正倉院文書とよばれる文書類があり、文書の大部分を占めるのは、東大寺写経所《しゃきょうじょ》という役所で業務のために作製されたものである。

その写経所で働く数多くの写経生《しゃきょうせい》のなかに、鴨部筆《かもべのふで》という人物がみえる。この名前はもちろんペンネームではないから、おそらくは親が子供の将来を、文筆をもって職とするように願っての命名であろう。奈良県平城京跡や秋田県秋田城跡などから、胞衣《えな》（胎児《たいじ》を包んでいる膜《まく》と胎盤《たいばん》・へそのお）を納めた壺が、ていねいに埋められた状態で出土している。胞衣壺は浄《きよ》めた胞衣を布で包み、これにお金や筆や墨を添える。丹波康頼《たんばのやすより》の撰になる医書『医心方《いしんほう》』（九八四年）によると、特に文才を願うときに新筆を添えるべき、とある。鴨部筆の両親も、その誕生にあたり、「筆」と命名し、その胞衣を壺に納め、その子の将来の文才を願ったにちがいない。

写経生になるのもなまやさしくはない。正倉院文書のなかには、お経の一節を二～三行にわたって書き、自分の名を記したものが数一〇通ある。これは〝写経生試字《しじ》〟とよばれる写経生になるための答案用紙である。写真の試字でも明らかなように、我々には素晴らしい出来ばえにみえる。しかし、これは、いわゆる写経体《しゃきょうたい》とよばれる、今の活字のように型にはまった文字なのである。答案用紙の上部に「未定」「不定」と書かれているものがあり、ある者は不採用となったのであろう。

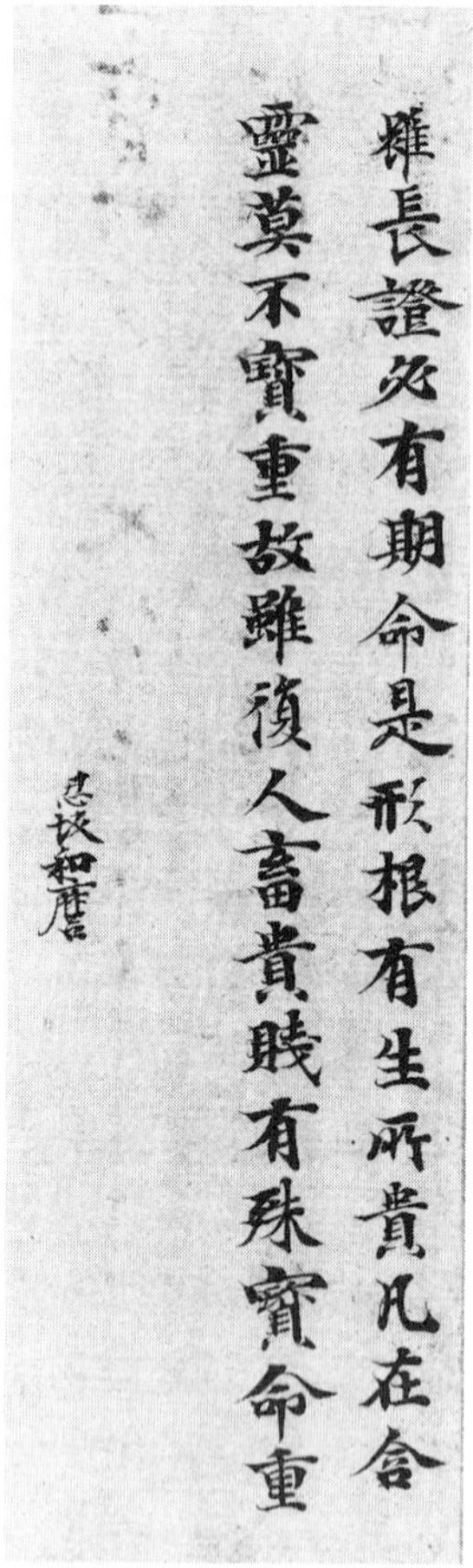

写経生採用のための試字（答案　忍坂和麻呂試字）
天理大学附属天理図書館蔵

いつの世も厳しい就職事情である。写経生は出来高《できだか》払いで現金を手に入れることができる点、都やその周辺の人々にとっては魅力的な職であったようである。

彼らは一日平均七〜八枚分（約三千字）を書写した。写紙一枚が約五文、つまり一日三〇〜四〇文近い収入を得ることができる。ちなみに当時の人夫賃は一日一〇文程度。しかし現実は厳しかった。誤字五字につき一文、脱字一字につき一文、一行脱落の場合二〇文が差し引かれた。また、書写作業は重労働でコンスタントに仕事を続けることはむずかしかったようである。

したがって、彼らの生活は必ずしも豊かではなかったとみえて、たびたび役所から前借りをした。正倉院文書中に数多く残る月借銭解《げつしゃくせんのげ》（借金証文）によると、たとえば、丈部浜足《はせつかべのはまたり》は宝亀三年

（七七二）二月二十四日、家屋・土地を質物《しちもつ》として二カ月の期限で一貫文を借りようとしたが、半分の五百文しか借りることができなかった。さらにひどいのは、同年十一月の場合には、家屋・土地を抵当に借金をしており、返済期日を過ぎた時には「妻子を質物として売る」とまでいっている。高利を払うため写経生はさらに仕事を増やさなければならなかった。

彼らは文書の余白を利用しては手習いを繰り返し、その腕にみがきをかける努力を怠らなかった。古代の役人たちは役所において、紙に行政文書をしたためる以前に、書き出し部分や必要な文字を、しばしば木や土器など手近なものに習書《しゅうしょ》した。その木は使用済みの木簡《もっかん》の余白部分であったり、曲物《まげもの》容器の底板であったり、さまざまである。

奈良県薬師寺出土の木簡には、

　池池天地玄黄

　宇宙洪荒日月

　霊亀二年三月

と記されている。この文言は現在でも書道の入門書である〝千字文《せんじもん》〟の冒頭の一節「天地玄黄宇《てんちげんこうう》宙洪荒日月盈昃辰宿列張《ちゅうこうこうじつげつえいしょくしんしゅくれっちょう》……」である。

こうした著名な典籍の冒頭部分の手習いは容易にその出典を明らかにできるが、次のようなケースはその出典さがしに難儀するのである。

秋田県秋田城跡から出土した長さ四五・八センチ、幅二・六センチと非常に細長い木簡に、表と裏に文字がびっしり書き込まれていた。

（表）而察察察察察察察察之之之之之灼灼灼灼灼若若

（裏）若若若若若若夫夫夫藁藁藁出緑緑波波波醲醲醲醲

「而……」という文脈からいって、何か出典を有するものの習書ではないかと思いつつ、それ以上究明しえないでいたところ、上代文学研究者小島憲之氏から、『文選《もんぜん》』洛神賦《らくしんふ》の一節ではないかという教示を頂いた。その『文選』の該当部分を開いた時の衝撃は、今も忘れることができない。当時の知識人の必読書といわれた『文選』（中国の周《しゅう》から梁《りょう》に至る千年間の詩文集、六世紀成立）の第一九章に収められている「洛神賦」の一節は次のとおりである。

追而察レ之灼若三芙渠出二淥波一。襛纖得レ衷修短合度「近づいてみると、赤々と、青い波間に顔を出した蓮の花のよう。太り具合も中くらいであり、丈の高さもちょうどよい」

一方、正倉院文書にも、写経生たちがその紙背《しはい》や行間に『千字文』や『論語』などの漢籍や経典などを、仕事の合間に手習いしたと思われるものが残されている。

紙といえば、最近は地方の役所における紙の文書も〝漆紙文書《うるしがみもんじょ》〟という形で各地で地下から数多く発見されている。

習書の例は、岩手県胆沢城《いさわじょう》跡出土の漆紙文書の場合、墨の濃淡で「文選巻第二」などと重ね書きをしたり、「親」の字を、「見見見……」と旁《つくり》の部分を手習いしたかと思えば、「踈」と扁《へん》と旁《つくり》を入れ替えて練習している個所もある。また、古代の常陸《ひたち》国の国府付属工房跡とされる茨城県石岡市の鹿の子《かのこ》C遺跡から出土している多量の漆紙文書のなかに、〝寺子屋《てらこや》〟ばりに表裏にすき間なく書かれた断片が目をひく。まず最初に戸籍が書かれ、その裏に暦、そして暦の廃棄後に、表裏の全面にわたって手習いを行っている。暦は延暦九年（七九〇）暦と判明している。手習いの内容は、暦面には延暦九年暦の文字を習書しており、戸籍面には、「如件」「仍事」「符」「附日□□進上如件宜」などと、明らかに手近にある公文書を写したとみられる文言が含まれている。

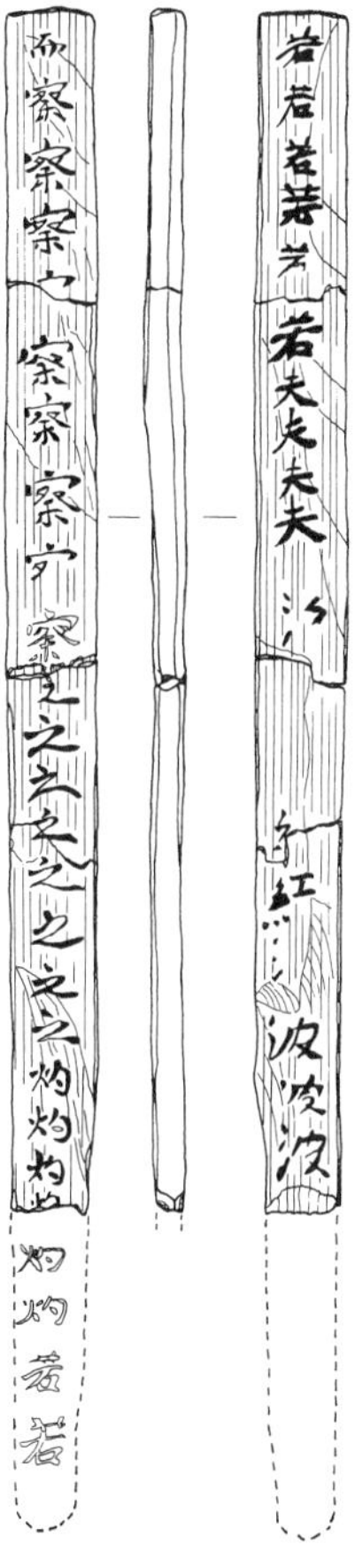

『文選』「洛神賦」習書木簡（秋田城跡出土）

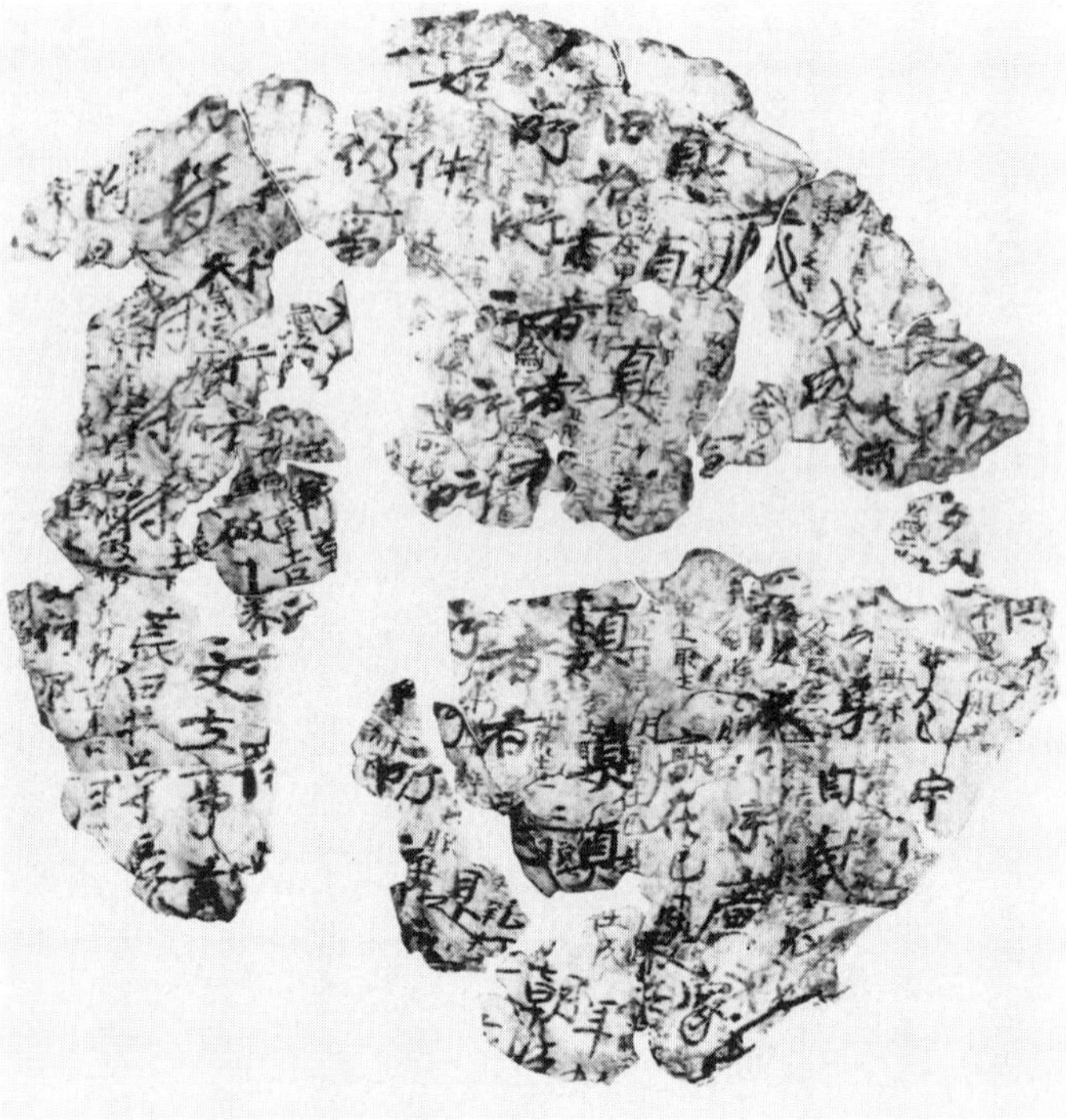

戸籍・暦・手習いと３回にわたって書かれている漆紙文書
（茨城県鹿の子Ｃ遺跡出土）

手習いは無意味な文字の羅列ではない。行政文書を作成する上で、数文字を習書したり、手近にテキストを置き臨書《りんしょ》したり、またある時は、暗唱した文学の一節を想いうかべながら、つれづれに習書したりする場合もあったであろう。その手習いから思わぬ典籍の存在が判明し、ある地方における文化の受容の実態を明らかにできることもある。手習いされた一節から、公文書や典籍等の〝原型〟をたどるのは困難をきわめるが、解明することは意義深いことであり、その作業は実に愉快なことでもある。〝手習い〟資料は、古代社会の一断面を伝える隠れた情報源である。

出土文字から地名を読む

『和名類聚抄』の異同を正す

日本最初の百科事典は『和名類聚抄《わみょうるいじゅしょう》』（十世紀前半成立）である。その原本は現在伝わっていないが、書写本がいくつか残されており、最古の書写（平安末期）である天理図書館所蔵の「高山寺《こうざんじ》本」、室町初期に写した伊勢神宮文庫所蔵の「伊勢二十巻本」などが知られている。ところが、名古屋市内の旧家に伝来した書写本が、近年名古屋市博物館の所蔵となり世に紹介された。それまで全く知られていなかった貴重な書写本が民間に所蔵されていたということは、学界内外に大きな衝撃を与えた。この「名古屋市博本」は、室町末期の永禄九（一五六六）年に書写されたものである。『和名類聚抄』のなかの〝国郡部〟とされる部門は、古代における全国の郡・郷名を知る貴重な史料である。しかし、各種の写本によってその地名記載が異なっているケースがあり、その場合いずれが正しいか判断する根拠がない。例えば、参河《みかわ》国の八名《やな》郡の郷名の一つに、「多米郷」（高山寺本）と「多木郷」（大東急文庫本）があるが、平城宮跡から発見された参河国から都に送った和銅六（七一三）年の付札木簡に「八名郡多米里」とあり、高山寺本の「多米里（郷）」が正しいことが判明した。同様の例で、同国幡豆《はず》郡の「析嶋郷」（高山寺本）と「新島郷」（大東急文庫本）という二つの異なる表記がみえる。これも藤原宮跡および平城宮跡から数多く出土した海産物の付札に「析嶋《さくしま》」「佐久嶋《さくしま》」と記載されていたことから、「新島郷」ではなく、「析嶋《さくしま》郷」という郷名であることが明らかになったのである。

地名の読みを知る

愛知県の県名の由来を示す「尾張国愛智郡」は、『日本書紀』には「年魚市郡」、正倉院文書の山背国計帳（住民台帳）には山背国（京都府）愛宕《おたぎ》郡の住民の逃亡先として「尾治国鮎市郡」とある。いずれも鮎（年魚）の字を用いており、愛智（ai-chi）を鮎市＝年魚市（ayu-ichi）にあてている。古代の日本語は、母音の連続を回避し、二母音の片方を省くという傾向があり、この ayu-ichi の場合も u-i の二母音の u を省略し、「アイチ」と読ませたのであろう。

また、現在東海地方には服部という苗字が非常に多いといわれている。今はハットリと発音しているが、実は服部は古代においては織物に従事する職業集団の氏名《うじ》であり、もともとは「服（機）

織部」と記され、全国に広く分布した。この「服織部」（ハタオリベ hata-ori-be）が、先の例と同様に a-o の二母音の a を省略してハトリベ hatoribe と変化したのである。さらに古代の「部」は、錦織部を「ニシコリ」などと「部」を読まないことから、服織部＝服部は通常「ハトリ」と呼ばれたのであろう。

この「ハトリ」の読みは、最近発見された七世紀段階の出土文字資料にみえる。漢字の音だけを用いた表記によって裏付けられた。千葉県印旛《いんば》郡栄町五斗蒔《ごとまき》瓦窯跡から出土した、文字の記された

「服止×」　「皮止卩」

龍角寺五斗蒔瓦窯跡出土のヘラ書き瓦
地名「服部」（現 千葉県成田市「羽鳥（ハトリ）」）

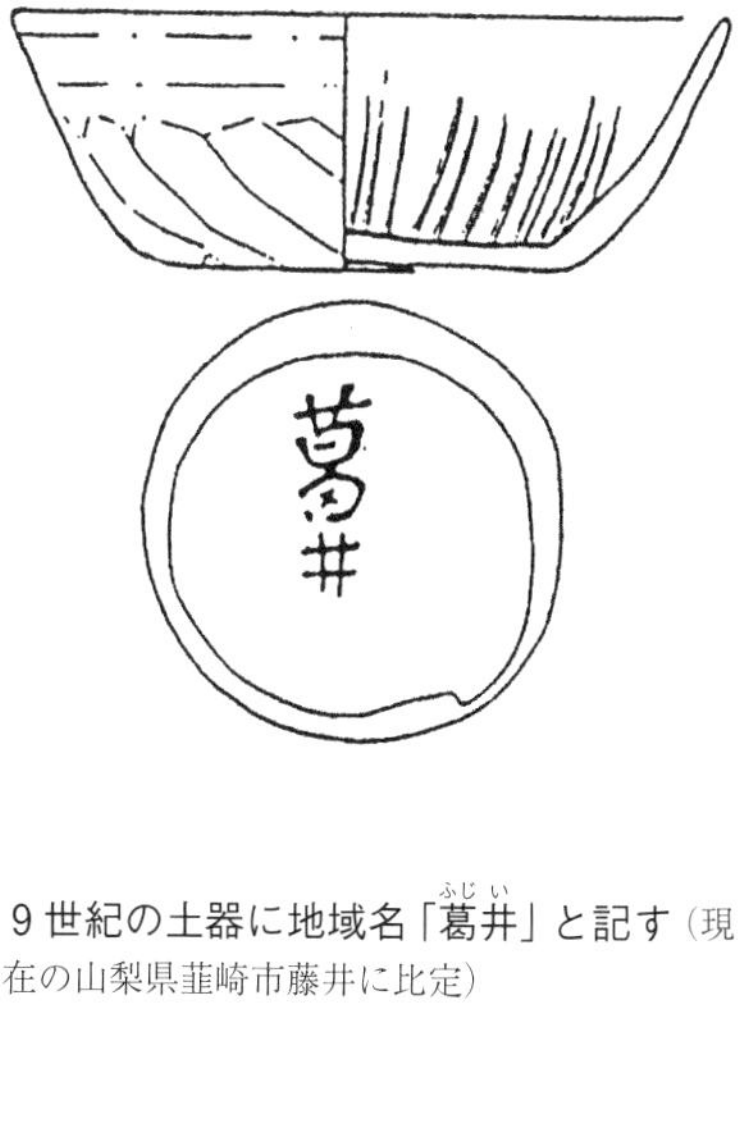

9世紀の土器に地域名「葛井《ふじい》」と記す（現在の山梨県韮崎市藤井に比定）

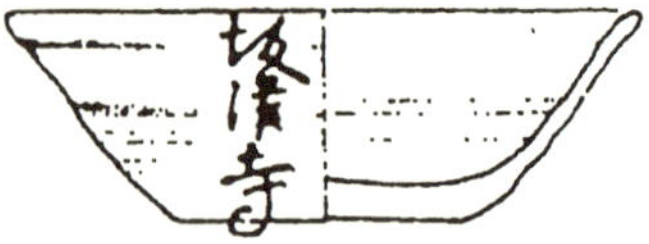

墨書土器「坂津寺」（千葉県佐倉市坂戸遺跡群広遺跡　9世紀中頃）

高罡（岡）寺（千葉県佐倉市高岡　長熊廃寺跡　8世紀前半）

「高罡（岡）寺」

墨書部分拡大

瓦に「皮止阝（部）」と、滋賀県野洲郡中主《ちゅうず》町西河原森ノ内遺跡出土の木簡には「羽止里阝（部）」と記されている。「皮止阝」（リの音が略されている）「羽止里阝」は、皮・羽（ハ）、止（ト）、里（リ）、すなわち「ハトリ」と読み、二点とも「服部」を漢字の音で表記したものと考えられる。現在も五斗蒔瓦窯跡のすぐ東に成田市「羽鳥（ハトリ）」という地名があり、西河原森ノ内遺跡のすぐ西に守山市「服部町」が存在することも興味深い。

一点の墨書土器が現在の字名《あざ》を証明

古代東国の神社支配の拠点である香取神宮の近くにある千葉県佐原市吉原の地に、吉原三王《よしはらさんのう》遺跡が存在する。この吉原三王遺跡の竪穴住居跡から数多くの墨書土器（九世紀頃《ころ》）が出土しているが、その中に「吉原仲家」「吉原大畠」と記されたものが目立っている。現在の佐原市内の字名「吉原」が、九世紀代にまで遡《さかのぼ》ることが墨書土器によって証明された。

もう一例あげておこう。甲府盆地の北西部、現韮崎市藤井は『和名類聚抄』の郷名としてはみえず、初見は宇波刀《うわと》神社の随神像の銘にある天文十二（一五四三）年の年紀をともなう「藤井保《ほう》」（保は中世の行政区画）である。この地域の発掘調査で九世紀の竪穴住居跡から「葛井《ふじい》」と墨書された土師器坏《はじきつき》が出土した。「藤（葛）井」という地名は、古代にも存在したことが明らかとなった。

私たちの身辺にある大字・小字名が、一二〇〇年前にまで遡るという事実を、たった一点の墨書土器によって証明できるということは、実に驚くべきことである。

墨書土器「吉原仲家」
（千葉県佐原市吉原三王遺跡）

墨書土器「烽家」の発見

一九九五（平成七）年、宇都宮市教育委員会による国指定史跡の中世の飛山《とびやま》城跡の発掘調査において、

鬼怒川から見上げる飛山城跡

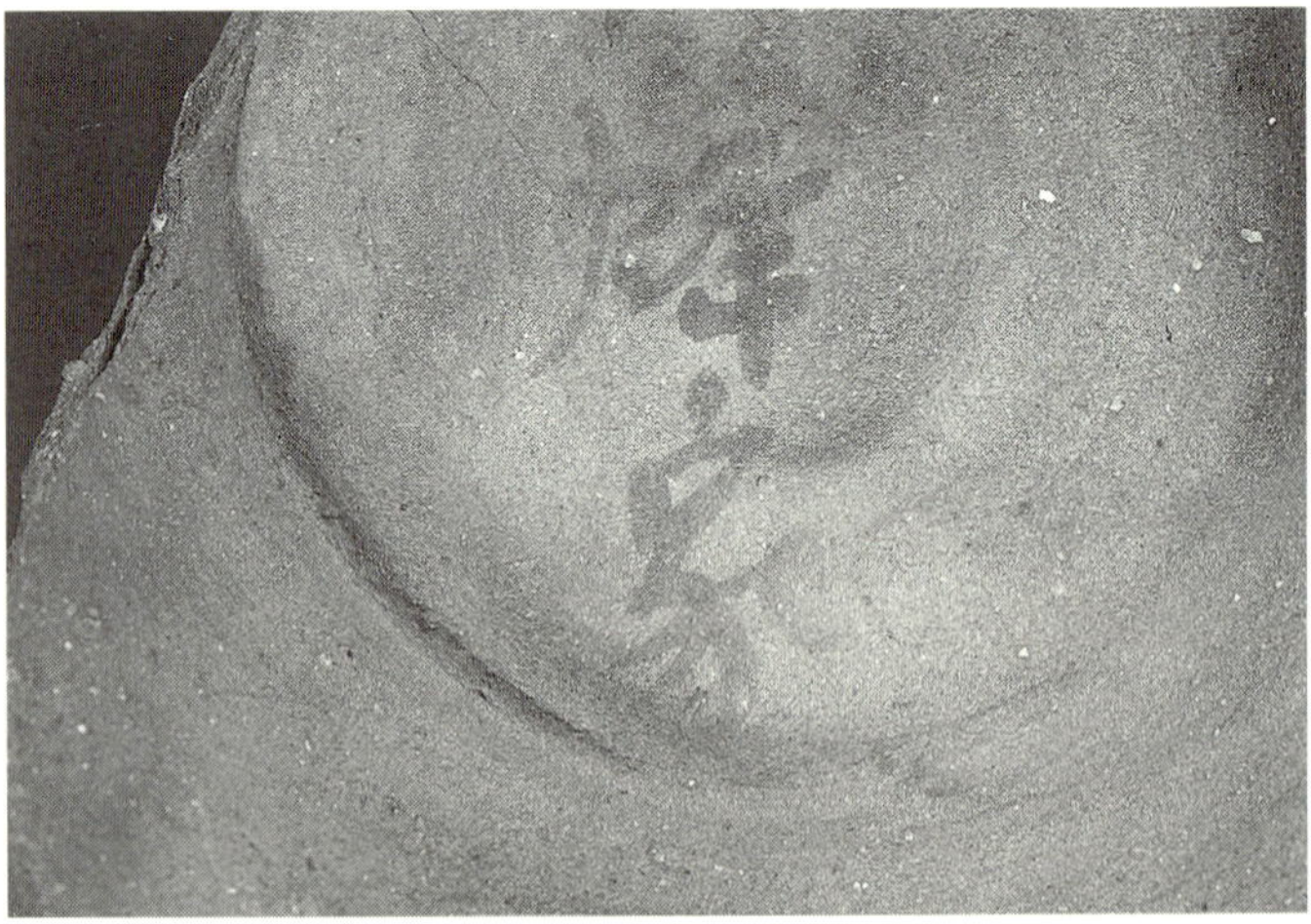

飛山城跡出土の墨書土器「烽家」の文字が見える

「烽家《とぶひや》」と墨書された土器が発見され、大きな話題となった。

古代において最速の情報伝達は〝のろし〟である。律令国家は、のろしを大々的に軍事通信手段として運用する、いわゆる烽制度を中国から導入した。烽は四〇里（約二〇キロ）ごとに設置され、昼は煙をあげ、夜は火を放つことと定められた。

古代の軍事通信施設である烽家が全国で初めてその姿を現したのである。この飛山城跡は中世文書に「飛山」「鵄《とび》山城」「富山」などと表記され、中世においてすでに「とびやま」城と呼称されていたことが分かる。飛山城の「とびやま」は、古代の〝とぶひのある台地〟に由来する地名であったことが、一点の墨書土器の発見で判明した。

烽制のルーツである中国では、のろし＝狼火《ろうか》（烟《けむり》）は文字通り狼《おおかみ》の糞《ふん》を燃やして煙を上げた。狼の研究家末松四郎氏によると、狼はエサとする動物を毛・羽そして骨片まで食べるために糞に毛や羽などが混じるので、これを俗に毛糞《けぐそ》といい、この糞を乾かして生木《なまき》の中へ加えて焚《た》くと、その煙はどんな烈風にも負けず真っすぐに上へあがるという。

この墨書土器「烽家」の発見を機に、シンポジウムを開催して古代における烽制の意義を論じ、さらに一九九七年、弥生時代の高地性集落ののろしから幕末の烽火に至るまでの変遷を一書にまとめた（『烽《とぶひ》の道―古代国家の通信システム』青木書店）。この書に、幕末に黒船が来航した時に、紀州藩有田郡の山間部の村々がのろし用に狼の糞を拾い集めたという古文書が紹介されている。この理由について、高橋敏氏は「幕末の異国人・異国船に対するイメージは、恐怖心をともなった、いわば天狗《てんぐ》・鬼そしてアメリカ狐《ぎつね》という妄想上の怪異を生み出した。そのアメリカ狐に対する調伏（あるものの力によって魔物を滅ぼすこと）として狼（山犬）であったのではないか」と興味深い推測を行っている。

一点の墨書土器「烽家」はついに幕末の烽（狼）火に及んだのである。

国・郡・里名に隠れた地名

古代の律令国家は全国を畿内・七道の行政区にわけ、その下に国・郡・里（のち郷と改称）を設けた。この国・郡・里制は、先の『和名類聚抄』や、各地から都へ送られた税の付札などから、その実施の様子がわかるが、こうした公の目的をもって記載された資料に基づいて古代の地方社会をみてきた結果、郡―里という行政区画以外の地名が隠れてしまい、そのため地域の実態がみえなくなってしまったのである。その点、近年の出土文字資料にみえる地名は、地域社会の実相を伝えるものとして注目される。

島根県松江市の西に位置する玉造温泉で有名な玉湯町には碧玉《へきぎょく》（青緑色の玉）の原石を産出する花仙山《かせんざん》があり、その原石を加工する玉造の工房が古墳時代から平安時代に活動していた。その遺

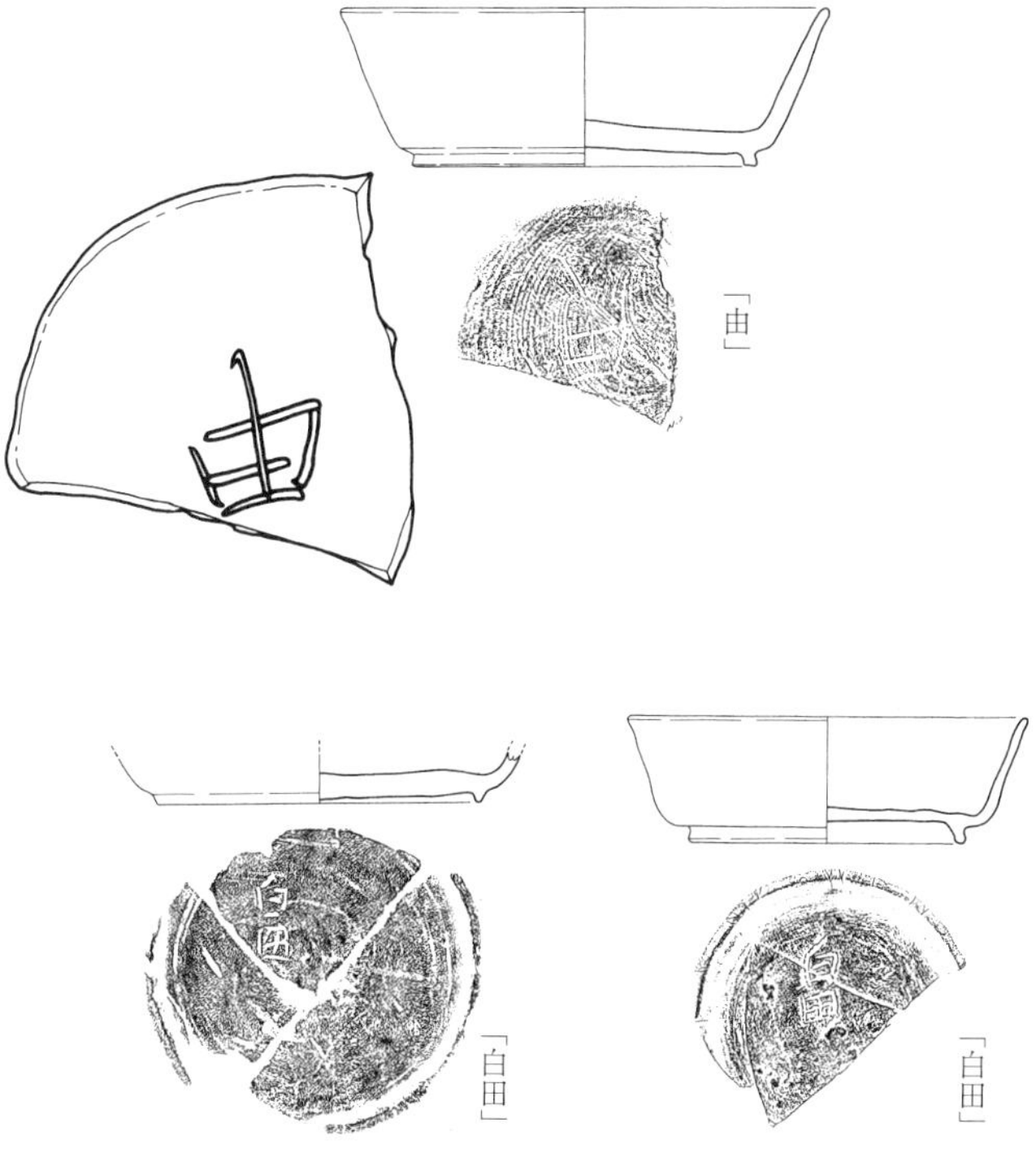

ヘラ書須恵器（島根県玉湯町　蛇喰《じゃばみ》遺跡）

跡の一つ蛇喰遺跡出土の土器には数多くのヘラ書き（土器の焼成前に書いたもの）文字が確認されている。「林」「白田原」「由」「大家」などの文字は、例えば「林」は当時出雲国意宇《おう》郡内に「拝志《はやし》郷」があり、現在も玉湯町の西部に林村という大字がある。また、「由」が湯に通じ、玉造温泉の地（現玉湯町湯町）を指すなど、これらのヘラ書き文字は、遺跡周辺の地名と理解できる。それらの地名は、玉造工房専用の土器の生産に従事した工人集団が住む地域名かと思われる。この地名こそが、共同体の生産単位を示す地域名であり、おそらく里（郷）名は、例えばヘラ書きの「林」が意宇郡拝志郷に通じるように、それらの地名の一つを里（郷）名に採用したにすぎないのであろう。

このように地名は、その地域の位置した自然環境や歴史を我々に伝えてくれる貴重な証言である。しかし、現在全国各地の自治体は中央〇丁目や大手〇丁目、〇〇ケ丘などのような全国画一的な地名変更を推し進めている。このような施策は地域固有の歴史を抹殺し、貴重な歴史遺産を破壊する愚かな行為といわざるをえない。

地下から掘り出される文字資料から地名の歴史を読みとり、地域の豊かな歴史像を描く作業はこれから本格的な段階に入る。そのためにも、今に残された地名を我々は大切に守っていかなければならない。

Ⅵ　古代の文字社会

出土文字資料を追う

私の研究活動の出発は、古代東北の行政・軍事の中核拠点であった多賀城の発掘調査である。私が勤務した宮城県多賀城跡調査研究所は多賀城跡を中・長期計画のもとに学術調査する研究機関である。発掘現場から文字の記された土器・瓦そして木簡などが相次いで出土する状況の中で、考古学と歴史学をつなぐ出土文字資料研究が私の役割ではないかと考えるに至った。

正史とされる歴史書『日本書紀』『続日本紀《しょくにほんぎ》』などは、国家側の立場から書かれたものであるが、多賀城をはじめ、東北各地の遺跡から出土する文字資料を解読し、歴史資料化できれば、地域社会からみた新たな国家像を明らかにできるのではないかと考えた。

十三年間にわたり多賀城跡をはじめとする東北各地の遺跡の発掘調査と、多賀城碑および宮城県名取市新宮寺《しんぐうじ》一切経《いっさいきょう》二五〇〇巻（平安後期～鎌倉後期）の調査に従事したことから、その後、私は必ず「現場育ちです」と自らの学問的立場を表明することにしている。

これまで、全国各地の出土文字資料を数多く調査してきたなかで、「こんなものが地下から出土することがあるのか！」と一瞬、わが眼を疑った資料がいくつかある。

筆頭は、ちょうど二〇〇〇年という節目の年に、石川県金沢市の北、津幡《つばた》町の加茂《かも》遺跡で出土した加賀郡牓示札《ぼうじさつ》である。牓示札の大きさは、古代の紙一枚の規格である縦約三〇センチ（当時の一尺）、横約六〇センチにほぼ合致する。札は長い間、屋外に掲示されていたらしく、板の表面が風化し、文字部分のみが墨の防腐作用によって盛り上がった形で、三四四文字も残っていた。それには「朝は寅時（午前四時頃）に農作業に出かけ、夜は戌時（午後八時頃）に家に帰ること」で始める生活の心得八カ条が記されていた。つまり、この牓示札は一一五〇年前、九世紀半ばの古代の村に立てられていた「御触書《おふれがき》」なのである。ただ一点で、古代国家と農民の関係をこれほど意義深く物語る文字資料は、きわめて少ない。日本史上、類例のない画期的な発見であった。

さらにあげれば、一九七三年、多賀城内の土壙から、土師器坏の内部に〝サルノコシカケ〟状のものが付着した状態で出土した。そこには墨痕鮮やかに、鋭い筆致で人名そして年齢が連記されていた。瞬間、頭の中は〝正倉院文書の世界〟に入った感がした。「戸籍かな、計帳かな。どちらだろう?」。しかし、行を読み進めると、戸籍と計帳を見分ける決め手となる「別項」の文字が記載されており、計帳様文書と断定できた。その発見の折、正倉院文書の戸籍・計帳の実物を調査され、初代の木簡学会の会長でもあった京都大学の岸俊男先生は、学生とともに九州の研究旅行中に、宿のテレビでこのニュースを御覧になったそうで、画面にこの文書が映し出された時、一瞬、信じがたかった、と先生から直接お聞きしたことがあった。

また墨書土器も、官衙はもとより集落遺跡から数多く出土し、地域も日本列島全域から発見されている。ただし、一点一点の墨書土器の字数は一般的には一、二文字しか記されていない。私が各地の遺跡から出土する墨書土器を整理していた三〇年ほど前には、一、二文字のみの情報が歴史資料として役に立つであろうか、「六国史」のようなまとまった編纂物に比べたならば、あまりにも貧弱な資料であるとみられていた。近年、多文字の墨書土器が千葉県佐倉市・八千代市・印西《いんざい》市など、いわゆる〝香取《かとり》の海《うみ》〟一帯で数多く出土している。とくに、歴博に赴任してまもない一九八六年に調査依頼を受けた千葉県山武郡芝山町庄作《しょうじゃく》遺跡出土の墨書土器群には度肝を抜かれた。「歳神《としがみ》」「国玉神《くにたまのかみ》」「竈神《かまどがみ》」また人面墨書など多彩な資料群から、まさに古代社会の信仰世界が鮮やかに目に浮かぶ。こうした点について思いをめぐらせていたとき、歴博の初代館長井上光貞先生が、館のあり方として、次のように述べておられたことが思い起こされた。「歴史学・考古学・民俗学三者の学際的交流によって、今まで文献でとらえられなかった下層の社会、深層の意識にも挑戦すべきではなかろうか」（「国立歴史民俗博物館開館に当たって」『文化庁月報』一七三、一九八三年）。

土中からの無名の証言は、古代史の深層を激しく揺り動かしはじめていると思えた。

2011年３月26日　滋賀県大津市超明寺《ちょうみょうじ》　養老元年碑（717）共同研究調査風景

歴博は、現在国内各地の出土文字資料の新出情報に加えて、韓国のものもほぼ網羅できている。このことは韓国内の諸機関との学術交流協定に基づく学術研究体制が整備され、韓国における出土木簡や石碑などの共同調査を実施し、研究成果を広く公開していることなどが大きな要因となっている。

現在、科学研究費補助金（基盤研究Ａ）「古代における文字文化形成過程の総合的研究（平成二十二年度～二十六年度）」および韓国国立中央博物館と歴博との共同研究「古代日本と古代朝鮮の文字文化に関する基礎的研究」の研究代表者として、古代中国・朝鮮の文字文化の伝播の実態を解明し、古代日本の文字文化の全貌を描くことを目指している。

現代の日本社会は戦争・環境・都市・宗教・生と死などの社会的、精神的問題において、人間の根源的崩壊さえ招きかねない現状に立ち至っている。三月十一日の東日本大震災は、日本の社会そのもの及び学問体系の再検討をも迫るものといえる。これからの古代日本の歴史・文化研究は、現代的視点に立って、各地域に所在する歴史・考古・民俗などの幅広い資料と、その地域の自然環境とのかかわりの中でみていかなければならない。その際、私はこれまでと変わらず、資料を観ることと可能な限りの仮説を提示することにこだわりながら、今後もそれらを総合した世界・歴史像を描いていきたい。

古代日本の文字社会

　日本列島における文字のはじまりは、中国と外交関係を結んだ時点で作成した漢字・漢文による外交文書であったであろう。五世紀には、ヤマトの王は、代々中国の南朝に使いを送り、「倭国王」としての地位を中国の王朝から承認された。そこで、おそらく王権の体制もしだいに整備され、文書作成にたずさわる渡来人が行政に深くかかわってきたと考えられる。文字は讃（賛）・珍（弥）・済・興・武のいわゆる「倭の五王」の時代になってはじめて国内政治に用いられるようになるのである。その代表例が千葉県市原市稲荷台一号墳出土の銀象嵌《ぞうがん》の簡潔な鉄剣銘文である。

（表）　王賜□□敬〔安カ〕□

（裏）　　此廷刀□□□

王が賜ったことを記した鉄剣
千葉県稲荷台１号墳出土「王賜」銘鉄剣

本銘文は古代国家形成期における王からの〝下賜刀〟の典型的文型と考えられる。その後、下賜される側の地方豪族が、自ら王権とのつながりを明記した銘文が、五世紀後半の稲荷山古墳「辛亥年」銘鉄剣や熊本県江田船山古墳出土の鉄刀銘である。

さらに、七世紀段階の出土文字資料の増加により、その中には漢文を使って日本語の語順で書かれた木簡などが登場するまでになってくる。また、漢字習得に必死に取り組んだであろうことは字《じ》書《しょ》（辞書）木簡がよくものがたっている。

滋賀県北大津遺跡では「賛〈田須久〉」（＝たすく）と訓読みの木簡、奈良県飛鳥池遺跡では「熊

〈汙吾〉」（＝うぐ）など古代朝鮮音の音読みを記した字書木簡が出土している。また、『論語』『千《せん》字文《じもん》』などの中国の典籍も積極的に受容されていたことが、徳島県観音寺《かんのんじ》遺跡出土木簡（七世紀前半）をはじめ、それらの一節を記した数多くの出土資料により確認されている。

やがて文字は次第に地方にひろがり、古代国家の文書による行政が七・八世紀の段階で確立する。正倉院文書として伝来した奈良時代の公文書類のなかには、八世紀初めの戸籍のように、地方から進上されたものも含まれており、律令の規定が地方にまで浸透していたことがうかがえる。また、平城宮跡をはじめ、各地から出土する木簡などの例をみると、古代の役所においては、あらゆる伝達が紙や木簡に書かれた文書によって行われていたと考えられる。

さらに、行政命令はその末端の村々まで文字によってもたらされていた。その具体例が近年注目されている郡符《ぐんぷ》木簡であり、それは行政の末端機構である郡から里へ出された命令書である。通常の役所でやりとりする木簡は、約二〇〜三〇センチメートルであるが、郡符木簡はその二倍の約六〇センチメートルと長大なものである。文字の大きさも、通常の文書の二倍も三倍もある。こうした郡符木簡は、里長に対する命令書として下され、おそらく、文字を十分に理解できない村人達が広場に集められ、口頭でその命令内容が伝えられたのであろう。その時、長大な郡符木簡に記された大きな文字そのものが権威の象徴としての役割を果たしたと考えられるのである。

津長に宛てた郡符木簡
（福島県いわき市荒田目条里遺跡１号）

また、地方社会で使われた文字としては「墨書土器」という、土器に墨で文字や顔を描いたものがある。八～一〇世紀にかけての日本列島各地において、飛躍的に増加している墨書土器などの出土文字資料は、その当時の無文字的世界の存在を抜きにしては理解できないのではないか。すなわち、墨書土器は主として一、二文字程度で記されているが、列島各地の文字の種類と字形は共通しているのである。これは文字の普及を意味するのではなく、土器にごちそうを盛り、神仏に捧げる行為に伴う願望の表徴《しるし》とみるべきであろう。土器に記された文字も〝見よう見まね〟の稚拙なものであり、刻書したものでは筆順が全くでたらめのものが多い。当時の地方社会では、一部の役人が書の訓練をへて、文字を正しく習得したが、通常、工人（技術者）や農民は、文字と接触し眼でその形を把握したため必ずしも正しい筆順とはならないのであろう。近年、多文字の墨書土器が千葉県の印旛沼《いんばぬま》一帯で出土し、その墨書内容は古代の人々の信仰の姿を具体的にものがたっている。

　昨年、同市上谷遺跡出土の墨書土器のなかにも、次のような豊富な内容をもったものが発見された。

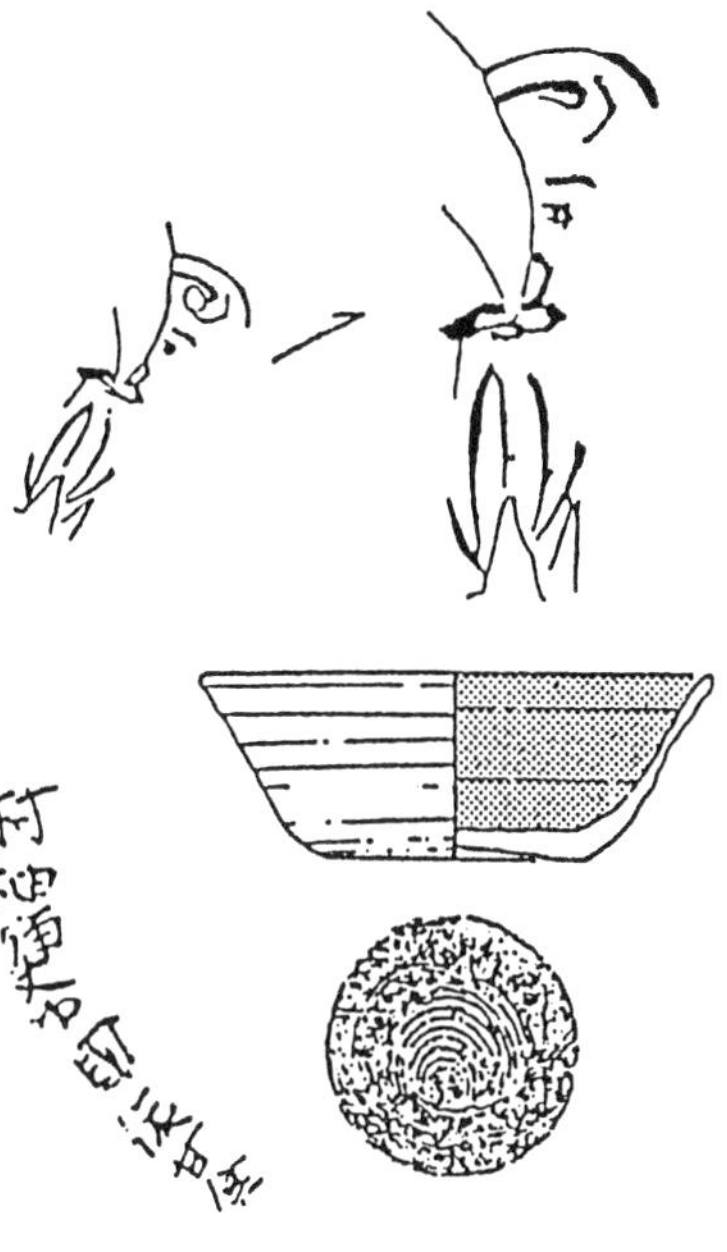

千葉県八千代市権現後遺跡の墨書土器

「（人面）」＋「下総国印播郡村神郷
　丈部□刀自　召代進上
　　延暦十年十月廿二日」

これは、下総国印播郡村神郷の丈部□刀自が冥界《めいかい》に召されるのを免れるために供物《くもつ》を延暦《えんりゃく》十年（七九一）十月二十二日に進上したと解釈できる。

　これらの墨書土器の文章は、まさに紙や木簡に書かれた文書の記

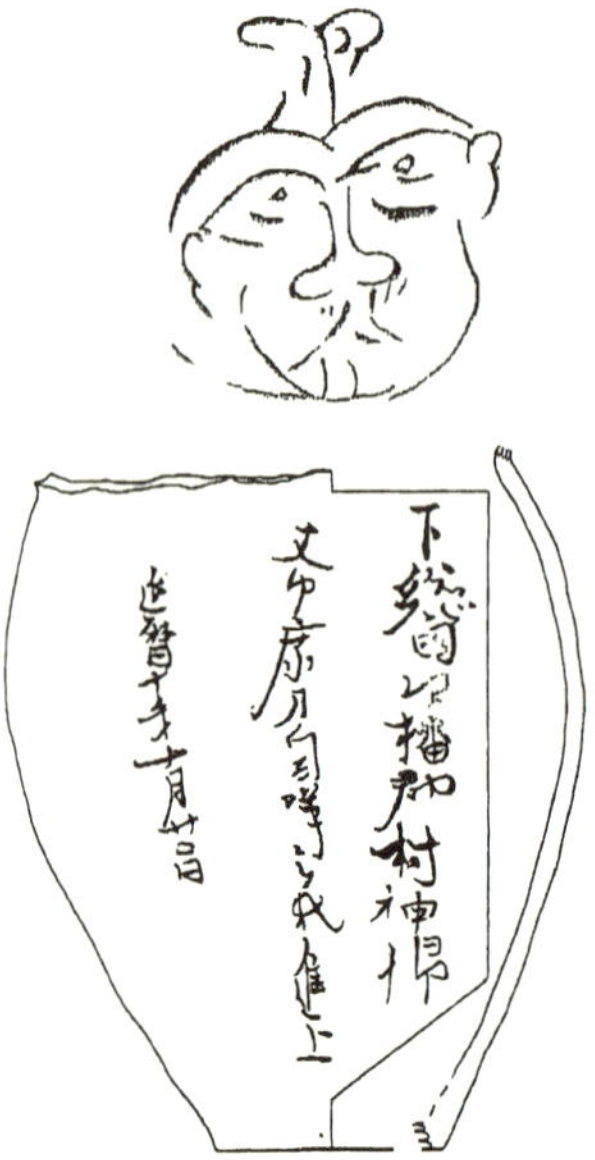

下総国印播郡村神郷
丈部□刀自咩召代進上
延暦十年十月廿二日

墨書人面土器（千葉県八千代市上谷遺跡出土　甕　胴部外面墨書）

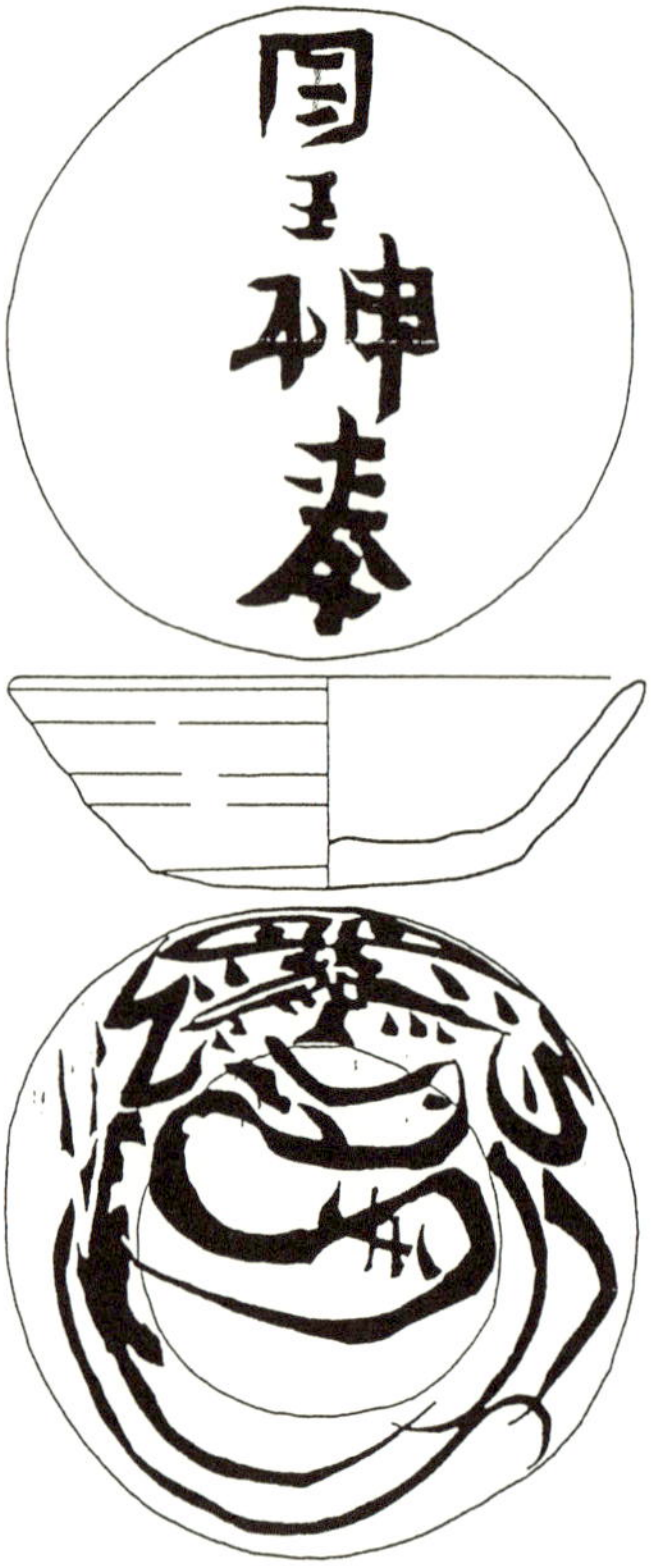

神への願いを土器の内外面に記す
（千葉県芝山町庄作遺跡出土墨書土器）

人面墨書土器（千葉県庄作遺跡　9世紀前半　複製）

載様式と共通している。

（例）奈良県平城宮跡出土　貢進付札
　紀伊国无漏《むろ》郡進上御贄《みにえ》磯鯛《いそたい》八升

おそらく、縄文時代から人々は神を篤《あつ》く信仰していたが、文字を介して神に接することはなかった。ところが、七世紀以降、古代国家による文書行政がしだいに定着したことにより、神に対しても土器に食物を盛り供献するとともに、文字によって自らの願いを神に伝えたのであろう。すなわち日常の行政文書表現（貢進文書や召文など）をもって神に意志を伝え、ものを供献したのである。当時、文書行政を通じて文字は村々にまでもたらされながら、その内実はいわば、〝無文字的世界〟であったと考えられ、里への命令や神への願いをあえて文字で記したのは、文字そのものが、そうした世界で権威や呪術性をもっていたのではないかと考えられるのである。

Ⅶ 新しい歴史像への視点

多視点から新しい歴史像を描く

屋敷・村境に吊り下げられた木札―歴史・考古・民俗・絵画資料の総合化―

一九九六年、金沢市の中心から北におよそ一〇キロの地点で堅田B遺跡――鎌倉時代の豪族の屋敷跡――が発掘調査され、その屋敷の周辺をめぐる堀から三点の木札が発見された。

この木札には、般若心経（二六二字の短い経典で、大般若経の神髄を簡潔に解いたもの）の全文が書かれ、さらにお経を書いた人の名と祈願をおこなった年号と日付が記されていた。年号は建長三（一二五一）年と弘長三（一二六三）年であった。こうした木札は「巻数板《かんじょういた》」とよばれている。「巻数」とは、僧が願主の依頼に応じて読誦した経文・陀羅尼《だらに》（梵語の文を漢文に翻訳しないでそのままよむもの）などの題名や読んだ回数を記して願主に送ったものである。

この「巻数板」を吊り下げる儀式は、戦国時代の越後国の国人領主色部《いろべ》氏の記録『色部氏年中行事』にみられる。そこには、毎年正月八日、修正会《しゅしょうえ》の結願《けちがん》の日に、色部氏の館の門の前に般若心経を書いた板を吊り下げるべきことが記されている。この木札にも「弘長参（三）年正月八日」とあり、月日も一致する。

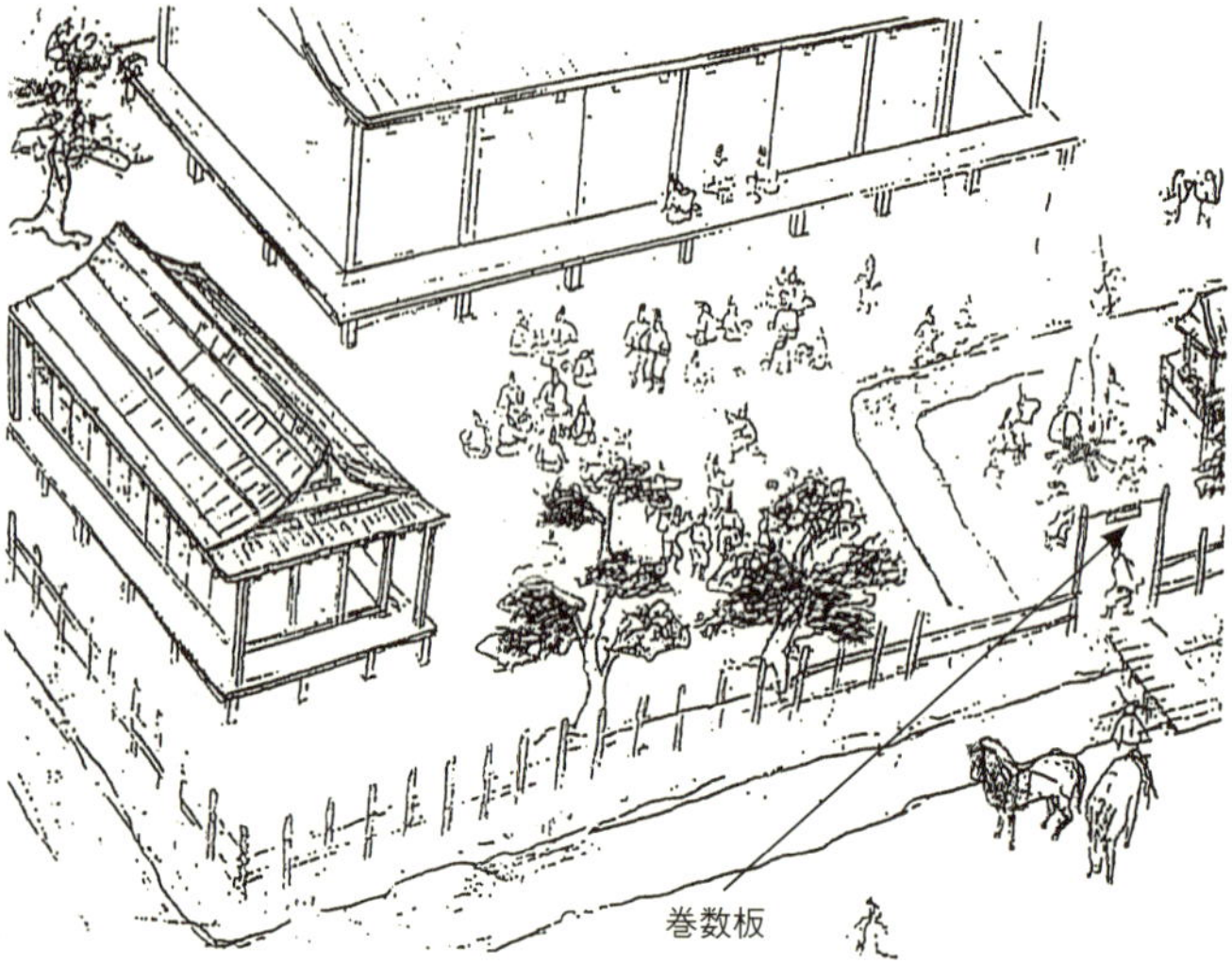

金沢市堅田B遺跡の復原想像図（金沢市埋蔵文化財センター現地説明会資料より）

また、中世に作られた絵巻類のうち、『一遍聖絵《いっぺんひじりえ》』（一二九九〔正安元〕年の奥書あり）、『北野天神縁起《きたのてんじんえんぎ》』承久本（十三世紀初頭成立）、『法然上人絵伝《ほうねんしょうにんえでん》』（十四世紀前半頃成立）などには、邸宅の門柱に縄をわたし、板を吊っている図がみえる。

現在の民俗事例でもこれと似たものがある。福井県大飯《おおい》郡大飯町では、正月の七日ないし十一日に集落ごとに村人が集まり、ジャヅナ（蛇綱）とよぶ縄をない、それに寺の住職に願文を書いてもらった「勧請《かんじょう》板《いた》」をつけ、村境の道の上に吊すという行事がおこなわれる。これは近畿地方でよくみられる『カンジョウガケ』『カンジョウナワ』とよばれる習俗と同様のもので、村

福井県「若狭大島」の勧請板（河村地区）

境に注連縄《しめなわ》を張り、邪悪なものの侵入を防ぐための行事である。

十三世紀半ばの「巻数板」の発見は、正月八日における巻数板吊りの行事が、鎌倉時代中頃にはすでにおこなわれていたことが明らかになり、この行事が十六世紀の『色部氏年中行事』より一気に三百年ほど繰り上げられたことになる。その意味では最古の資料といえるのである。

筆者は、一九九七年九月五日から七日まで、古代史専攻の三人の大学院生と、発掘された遺構・遺物の調査とともに民俗調査を実施した。先の大飯町大島と新潟県佐渡島という日本列島の周縁の二つの島に「勧請板」（巻数板）はわずかに残されていた。

堅田B遺跡から出土した巻数板の登場によって、新たな検討課題も生じてきた。

考古学の観点からは、巻数板が長方形から現在の絵馬にみられるような山型への形状変化に注目したい。鎌倉から戦国期までの巻数板の例のうち、一遍聖絵のみ現在の絵馬風の形であることも絵画資料として問題となろう。

歴史学的見地からは、武士の屋敷の門に吊り下げる儀式から、民俗事例にみられるような、村境に吊り下げる儀式への移行がいつごろからなのかという、歴史的変遷がきわめて重要な問題となる。古代史専攻の大学院生にとっても、このはじめての遺構・遺物の本格的調査および民俗行事調査は、おそらく今後の大きな財産となるのであろう。

この木札は、巻数板の実物資料としてははじめての出土例であり、巻数板という一つの資料をめぐって、考古資料・文献史料・絵画資料・民俗資料などを比較検討し、総合的に考察することによってはじめてその全貌を明らかにすることができた点が最大の成果であり、これは新たな歴史学のあり方を示しているといえるであろう。

新たな字音仮名—国語・国文学への接近—

古代では、漢字の音を用いて日本語を表記していた。字音仮名のうちで「ア」の音は文献史料ではほとんど「阿」であり、アスカ（飛鳥）を「阿須迦」、アザミ（薊）を「阿佐美」などと表記している。

一方、『万葉集』では「安」が大半を占めており（「会津」を「安比豆」のように）、「阿」は特定の巻にのみ使用されていることはよく知られている。例えば、巻二〇の防人歌には約四二例も集中しており、「足柄」を「阿志加良」、「赤駒」を「阿加胡麻」などと記している。

ところが、近年、全国各地から出土する文字資料には、右のような字音表記法と異なるものが検出されている。

千葉県栄町の五斗蒔《ごとまき》瓦窯跡は、七世紀後半の白鳳寺院で知られる龍角寺《りゅうかくじ》の創建瓦の窯跡である。その瓦には、ヘラ書き（土器の焼成前に書いたもの）で文字を記しているものが約四百点ほど確認されたが、すべてそれは地名と考えられる。そのなかに「赤加×」「赤加（皮脱カ）真」「×皮真」「阿加皮×」などと書かれたものがあり、「赤加（阿加）皮真」すなわち〝赤浜〟という地名を漢字の音を用いて表記したのであろう。「赤」の字は「ア」という音で使われているのである。福岡県小郡《おごおり》市の井上薬師堂《いのうえやくしどう》遺跡の七世紀後半の木簡のなかに「黒人赤加」（クロヒトノアカ）という名前がみえ、この例も「アカ」を「赤加」二文字で表記している。さらに、千葉県匝瑳《そうさ》郡光町城山遺跡出土の九世紀代の土器には「赤弥田寺」と墨書されている。「赤弥田寺」は「阿弥陀寺」の意であろう。「赤弥田寺」は「アミダ」寺であり、「赤」の字は、「ア」という音で使用されている。

『万葉集』や他の文献史料では「ア」の音は「阿」または「安」を専ら用いていたと考えられて

きたが、出土文字資料には「赤」が「ア」の音に用いられている例が登場してきたのである。このように、考古資料は、国語・国文学の分野の通説的理解に新たな史料を提供し、字音表記に限っても改めて典籍と字音表記の関係を根本的に問い直すことが迫られるであろう。

（註）「対談―平川南・神野志隆光　文字資料の現在と古代」『国文学』四四巻一一号、一九九九年九月号、学燈社刊。のちに拙著『墨書土器の研究』（吉川弘文館二〇〇〇年）所収。

古代の郡の実像―自然環境の視点から―

地球温暖化は今や一刻の猶予も許さない危機的状況である。温暖化によって南極の氷床が溶け、海水面上昇という現象は避けられない。ある研究者の説によると、南極氷床、とくに西南極の氷床が溶けた場合の数百年以内の海面は、五メートルくらい急上昇するという計算である。その点では架空に近い想定であるが、海面が仮に百メートル上昇すれば、日本列島の本州では、兵庫県氷上郡《ひかみ》を中心に瀬戸内海から日本海を縦断するいわゆる〝氷上回廊《ひかみかいろう》〟が海峡となるとされている。氷上郡の石生《いそう》地域は、標高九五メートル、日本列島で最も低い分水界《ぶんすいかい》＝「水分《みわか》れ」として有名である。ここ「水分れ」は、文字通りここに降った雨を瀬戸内海と日本海に流れ分ける地点である。この地形は古代から、京から日本海側に通ずる絶好の交通路として利用された。分水界の石生《いそう》を中心に、東部地域は氷上郡（現丹波市）の春日町《かすが》（古代の春部里《かすかべ》）から北へ竹田川・由良《ゆら》川に沿った丹後道、西部地域は氷上町（古代の氷上里）から北へ中国山地を越える山陰道、南へは加古《かこ》川が瀬戸内海にそそぐ、まさに交通の要衝である。

律令国家の行政区画は、国―郡―里（郷）制であるが、通説によれば、律令郡郷制は十世紀頃に改変され、中世社会へと連動するとされている。

この静かな山あいの地も、近年開発の波が押し寄せ、古代の交通の要衝（東の春部里、西の氷上

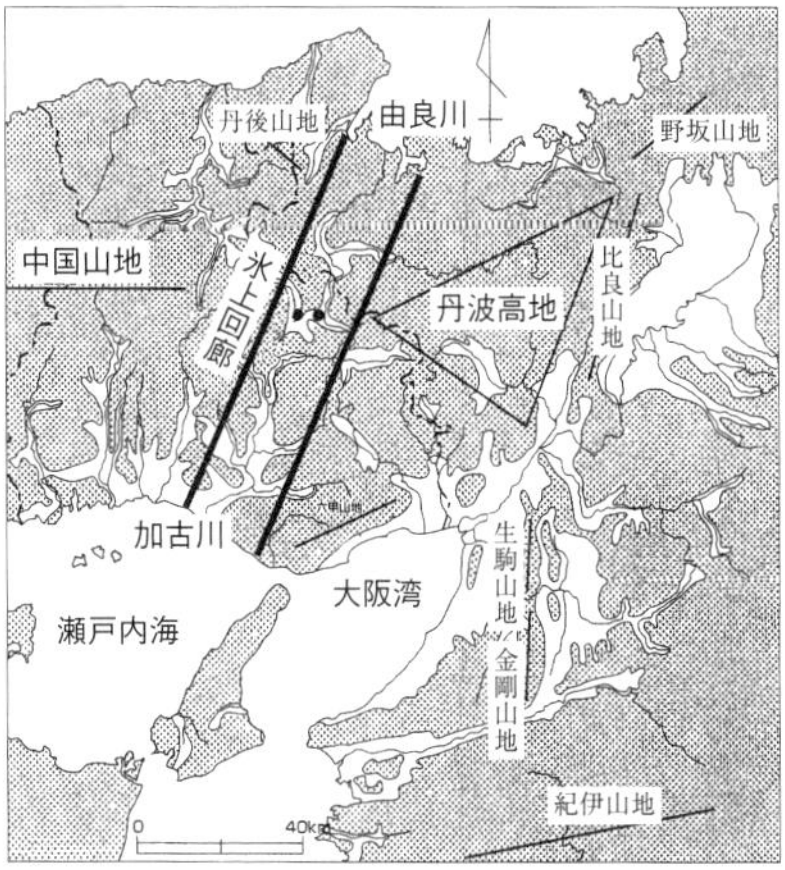

「氷上回廊」と近畿地方の地形
市辺遺跡・山垣遺跡と水分れ周辺の地形

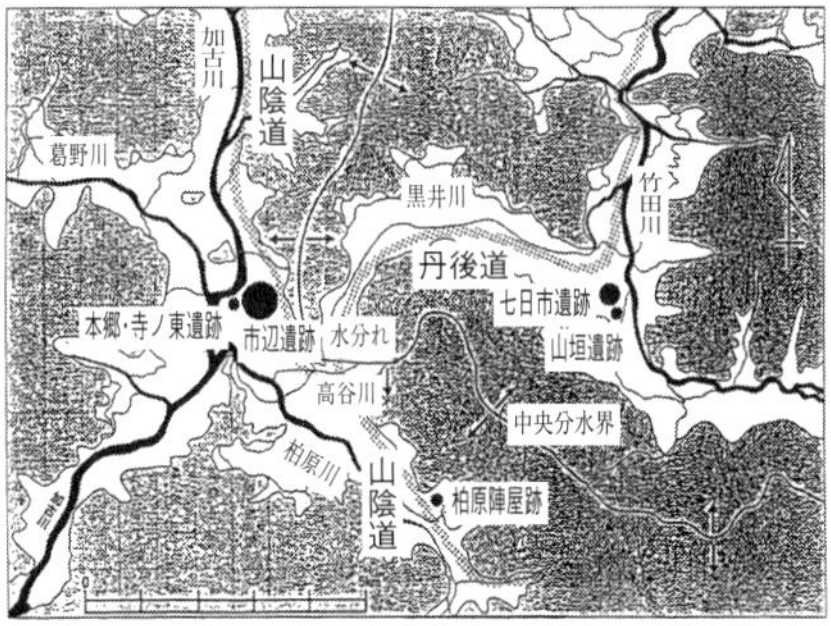

市辺遺跡・山垣遺跡と水分れ周辺の地形

里）の地は、そのまま現在の高速道のインターチェンジとなった。

一九八三年に調査された東部地域の春日町山垣遺跡からは、八世紀前半の木製の封筒ともいえる、紙の文書を板の間に挟み、オモテに宛先を書いたいわゆる〝封緘《ふうかん》木簡〟が出土した。その宛先は、「丹波国氷上郡」と書かれていた。また、郡の役人から里長（里の責任者）に人の召喚を命じた郡《ぐん》符《ぷ》木簡が出土したが、この木簡は召喚した人を引き連れて郡の役所に戻り、首実検《くびじっけん》ののち廃棄されたものである。この二点の木簡から、山垣遺跡は氷上郡の郡役所（郡家《ぐうけ》）であったことが判明した。

しかし、一般的には、古代の郡家は郡名と同じ里（郷）名の地におかれているとされている。氷上郡には西部に氷上里（郷）がある。また駅家《うまや》は郡家に隣接するとされるが、氷上里は山陰道の星《ほし》角《ずみのうまや》駅家の想定地でもある。

山垣遺跡は氷上郡の別院であり、東部地域の行政施設、現在でいえば東部支所のような施設であり、氷上郡家の本院は西部の現在の氷上町内に想定できる。

一九九九年調査された西部地域の氷上町市辺《いちべ》遺跡は、加古川沿いに位置し、郡家の中心部ではないが、出土した山垣木簡と同時期の木簡は西部地域の里の支配にかかわるものや、国府と直接的関係を示す内容とするものであることから、氷上郡家の本院の一部とみて問題ないようである。

十世紀前半に編まれた『和名類聚抄《わみょうるいじゅしょう》』や延久四（一〇七二）年の文書などによると、東部地域は東縣《あがた》、西部地域は西縣と、氷上郡は二つの行政区に分割され、中世へと展開している。実際には、それ以前の律令郡制が施行された八世紀当初から、氷上郡は東・西二地域に分かれ、郡家は本院と別院という方式で行政を実態にあわせて遂行していたのである。すなわち律令制の郡はいわば机上の線引きであり、実態と異なるものが少なくなく、十世紀頃の郡郷制の改変は、その実状に即応した形ともいえる。

これまでの文献史料による古代の地方行政像は、自然環境や考古学的成果にもとづいて再検討する必要のあることがこの氷上郡の例でも明白となったであろう。

以上の三つの具体例によって明らかなように、我々が解明しようとする歴史像は、現存するわずかな文献史料のみで描くことができるはずはなく、多様な資料を用いて、多角的な視点から解明しなければならない。そのためには、より広い学問分野との協業が必要であり、協業のなかから新たな歴史学の研究方法論を確立することが可能となるのではないだろうか。

開発が災害招いた古代の日本

七六二年（天平宝字六）四月、遣唐使船が大阪湾に面した港・難波津《なにわづ》で座礁《ざしょう》する事件が起こった。その原因は淀川《よどがわ》などの河川の運んでくる土砂の堆積によって難波津が浅瀬となってしまったからである。難波津は古くから大陸との交渉の玄関口として機能し、六四五年には難波の地に都が置かれ、その都は七八四年（延暦三）に廃止されている。廃都の理由について、これまでは平城京から長岡京への遷都《せんと》に伴い、桓武天皇の冗費《じょうひ》節減政策にもとづき複都制（平城京・難波京）を廃止したといわれている。

古代の河内平野の形成過程に関する近年の地質学の研究成果によると、淀川および大和川《やまとがわ》による大阪湾への流入物の堆積は、とくに七世紀から八世紀にかけて著しくなるという。七世紀以降の古代統一国家建設にともなう、宮都や大寺院などのあいつぐ造営による淀川上流域およびその支流域における森林伐採（建築用材や瓦・土器などの窯燃料など）は、通常の杣《そま》（樹木を植えつけて材木をとる山）の木材供給をはるかに超えるものであった。大量の瓦や土器生産などのための粘土採掘によっても、周辺環境は一変したであろう。平城宮だけでも、建築材三〇万立方メートル、屋根瓦五百万〜六百万枚にもおよぶものと試算されている。

こうした流域の環境破壊による淀川や大和川への土砂の大量流入が、難波津を埋め、その機能を停止させてしまったのではないだろうか。古代都市はすぐれて政治的都市であり、都市の造営や遷都は、その政治的意義を重視しなければならないのはもちろんであるが、環境問題からアプローチすることも必要ではないか。

十七世紀に入ると、とくに新興都市・江戸周辺で異常な洪水が相ついだ。これは江戸の急激な都市化の影響とともに、新田開発《しんでんかいはつ》がもたらしたものとされている。これまでは新田開発は領地拡大という面のみが強調されてきたが、新田開発に伴い、森林伐採や河川の流路を変えたり、堰《せき》を設けた結果、洪水などの新たな災害をもたらしたのである。新田開発が領民の抵抗や政争を誘因したマイナス面にも着目しなければならない。

近代において、大規模環境汚染が引き起こした水俣《みなまた》病は、いまだ多くの患者を苦しめている。この水俣病を歴史学者色川大吉氏は次のように分析している。水俣には身分や階層ごとに空間を住み分けるという近世以来の差別構造があった。士族や領主層は陣内という内陸の一等地に、商人や職人層は浜という水俣川のデルタ地に、農漁民らは丸島など沿海部に、という具合である。沿岸部の人々の食生活は、大量の重金属の毒物で汚染された海産物に大きく依存せざるをえなかった。しかし、水俣病患者は、永い間、海沿いに住む人々の「奇病」として、一般市民からも疎外され、水俣病事件の解決を著しく遅らせる要因となったという。水俣病の内部要因を浮き彫りにした歴史学者ならではの指摘といえよう。

題材を再び古代に求めると、古代の地方誌『常陸国風土記《ひたちのくにふどき》』に収められた開発伝承によると、豪族の箭括麻多智《やはずのまたち》が谷水田の開発にあたり、その〝谷の神《やつのかみ》〟に対して、山の口までは自らの土地とし、それより上は神の地としてそれ以上開発しないこと、そして社をたて、その神を祭ることを約束した。これは何よりも自然に対する怖れと関係修復を意図した行為である。

ところが、そののち、この地を支配した壬生麻呂《みぶのまろ》は、灌漑《かんがい》用の池を築き、抵抗した谷の神に対して「池は民のためのものだ、いずれの土地の神でも天皇の意向に従え」と叫び、民衆を動員し、大規模な開発を強行した。王権は自然をも支配しうるものとして、人民の上に君臨する存在となった。その意味では、王権は自然とつねに対置したところで、その存在を保っていたともいえる。しかし人々の生産活動が自然に依存した農業から工業生産に重きを移しはじめると、自然は限りなく富を生みだすだけの対象物と化してしまった。

こうして際限のない環境破壊は自然のみにとどまらず、人間性をも無視し、さらに地域の自立的発展を阻止するものへと拡大した。自然・人間・そして地域こそ、広い意味の環境である。これまで歴史学は、人間とその社会的関係のみを対象として扱い、自然との関係を不問に付してきたきらいはないだろうか。関連諸科学との連携の稀薄さは、その点にも起因するのではないか。こうした歴史学界の動向に対して、義江彰夫氏らを中心に反省を求める声が叫ばれはじめている。

国立歴史民俗博物館が創設十周年記念事業として一九九一年十一月実施する歴博フォーラム「日本史のなかの環境破壊」は、これからの歴史学の新しい視点として、環境問題を追求することの重要性を広く一般に提唱しようとするものである。

『風土記』の原風景と街・村づくり

『風土記』の原風景

二〇〇二年十一月下旬、かねてから訪れてみたかった『出雲国《いずものくに》風土記』に記されている松江市の「朝酌《あさくみ》の促戸《せと》の渡《わたり》」の現地見学がかなった。晩秋の静かな水面に浮かぶカモの群れと、穂を出して色付いた岸辺のアシ原が小雨にけむる幻想的な風景に、思わず息をのんだ。

これこそ『出雲国風土記』の原風景ではないか。

現在、中海《なかうみ》と宍道湖《しんじこ》の間には大橋川が流れていて、この二つの湖を繋いでいるが、風土記の時代

古代の出雲国入海と朝酌渡付近

島根県松江市の朝酌渡周辺の景観

(八世紀)には一つの水域で、今の大橋川にあたる狭まった所に朝酌の渡が設けられ、そこを出雲国府から隠岐《おき》への玄関口である千酌駅家《ちくみのうまや》へ至る官道が通っていたとされている。入海(中海)は、イルカ・サメ・クロダイ・シラウオなどの魚介類の宝庫であり、秋にはハクチョウ・ガン・カモなどが渡ってきた。この辺りは交通の要衝であり、豊富な水産物に恵まれ、市《いち》も立つにぎわう港町であったことが風土記に記されている。

感動そのままに帰途に就き、翌々日の夕刊の一面に「中海・宍道湖の淡水化中止」の大見出しを見て、安どの気持ちが倍加したのである。

歴史学の新視点

わが国は戦後、復興を旗印に経済効率を優先させた種々の政策を遂行してきたが、列島全体に大きく歯車が狂い、二十一世紀に入り、われわれを取り巻く環境は危機的状況に直面している。

私は、一九九一年に国立歴史民俗博物館（歴博）創設十周年記念事業として「日本史のなかの環境破壊」と題したフォーラムを企画した。際限のない環境破壊は、自然のみならず人間性を無視し、さらに地域の自立的発展を阻止するものへと拡大している。これまでの歴史学は人間とその社会的関係のみを対象として扱い、自然との関係を不問に付してきたのではないだろうか。そこで、このフォーラムでは、これからの歴史学の新しい視点として、環境問題を追求することの意義を提唱した。

歴博フォーラムを踏まえて、一九九五年度から歴博の基幹研究として「日本歴史における災害と開発」をスタートさせた。資源としての自然、また大きな災害をもたらす脅威としての自然に対して、日本列島に住む人々がこれまでの歴史の中で、どのように対処してきたかを明らかにすることを研究目的とした。すなわち、繰り返される災害に対し、人々の開発行為はその都度その形態を変えながら対処してきたはずであり、その開発行為の実態は、これまでの文献史料のみによる政治史

「足張種一石」（福島県矢玉遺跡出土木簡　写真に若干加筆）

的・社会経済史的側面からだけでは見えてこなかったであろう。

環境問題の危険的状況とその閉塞性を打開し、将来に大きな展望を見いだすためのてだてが、現在各方面で推し進められている、自然科学的手法から環境にかかわる諸現象を分析する方法だけでは不十分である。自然と人間のかかわりの歴史を根源的に問い直し、自然認識の歴史を明らかにすることが重要であろう。その解明に基づき、現代社会および将来に向けて、新たな自然観・環境観を展開させることこそが、環境問題の有効な打開策となるのではないか。

古代史研究も常に現代的な視点から進めるならば、新たな発見や現代社会への積極的な提言もできるであろう。

木簡に稲の品種

今の日本の稲作は、ササニシキやコシヒカリなどのいわゆる銘柄米の品種に単一化されつつある。その状況に危機感を持った全国各地の農家の人々が、在来品種を山間部中心に栽培し、その品種を懸命に守ろうとしていると聞く。

私は古代の遺跡から出土した木簡から、稲の品種名を記したものを二〇点以上発見したが、その中に福島県会津若松市の矢玉遺跡で出土した、「足張種一石」と記された木簡がある。「足張」は「すくはり」と読むと、最古の江戸時代の農学書『清良記《せいりょうき》』に当時の稲の品種名が九〇種以上記載されているが、その一つの「栖張」（すくはり）という品種に相当するのであろう。この農学書には「すくはり」以外にも、古代の品種名と合致するもの（「畔越《あぜこし》」など）が数種ある。「足張」は「縮張（しゅく〈すく〉はり）」とも書く。島根県の広田亀治が明治初年、当時流行したイモチ病に強い品種として「縮張」を改良したことから、「亀治《かめじ》」という品種名で全国各地で栽培されるようになり、現在でも山陰地方を中心に植え付けられている。

現在各地でわずかながら栽培されているそれらの在来品種が、一二〇〇年前の木簡に記載された同一名の稲の品種とDNA分析で証明されれば、あらゆる気象条件などに耐えてきたまぎれもない最優良遺伝子として次の世代に受け継がれてゆくべき品種ということになる。いずれにしても、古代の木簡研究が現代農業へ貴重な情報を提供したことは間違いないであろう。

街・村づくりの思想

二十一世紀に入り、首都東京が大きく変ぼうしている。汐留《しおどめ》・六本木・品川などで進められてきた大規模再開発で、高層ビルが林立する異様な光景が現実となった。

パリやベネチアなど世界の都市は、それぞれの歴史的景観を生かした特色のある街づくりを展開している。江戸の都市づくり以来、東京は起伏に富み、山手と下町で個性のある街が形成されてきた。しかし、大規模再開発は東京全体の都市計画のビジョンもなく、さらにそのビジョンに盛り込まれるべき歴史的景観への配慮もほとんどないまま、進行しているのである。

各地域の街や村づくりは、東京とは異なる自然環境と歴史を十分に生かし、個性豊かなものを目指すべきである。そのためには歴史・考古・民俗などの幅広い資料と、その地域の歴史をはぐくんできた自然環境から豊かな地域の歴史を組み立て、それを基盤とすることが求められるのではないか。都市計画のビジョンは従来、都市工学者・建築家などを中心に策定されてきたが、歴史学者が積極的に参画し、街や村の歴史的な原風景を骨格として、現代社会にも対応した魅力あるプランを作成すべきである。

島根の街づくり・村づくりの原点は、朝酌の渡付近の風景に代表されるような『出雲国風土記』の世界や、県内各地に残る神事などが醸し出す古代の原風景であろう。豊かで多様な自然と歴史に根ざした街や村づくりが、地域に活性を生みだす大きな要因となるに違いない。

自然災害からの復興―歴史と文化への思いが活力―

多賀城は古代東北の行政・軍事の中核拠点として、西の大宰府に匹敵する一大地方都市であった。二〇一〇年は、その多賀城跡発掘調査五十周年で、種々の記念行事が実施された。九月二十三日、多賀城市文化センターで行われたパネルディスカッション「多賀城に生きた人々」の会場は、千人を超える市民で埋め尽くされた。また十一月十三日は岩手県陸前高田市で開催された「気仙登場一二〇〇年記念講演会・再発見！古代の気仙」には周辺市町村からも熱心な市民が集い、私は講演で、三陸沿岸の古代の気仙地方が太平洋に面する湾岸の中核として、都への昆布進上と北方世界との交易拠点であったことを強調した。

さらに二〇一一年一月三十日には福島県南相馬市で「古代の郡家と地域社会」と題して講演を行った。南相馬市の地は古代には行方《なめかた》郡と称し、古代日本最大の製鉄遺跡（金沢地区製鉄遺跡群）が発見されている。古代国家はこの製鉄コンビナートを掌握し、鉄の武器・武具を製作し、軍事的拠点としていたことを参加者に伝えた。

二〇一一年、多賀城・陸前高田・南相馬の市民と、これからの地域振興には、地域固有の豊かな歴史文化を掘り起こし、共有することが何よりも大切だということを理解し合い、新たな街づくりの第一歩をスタートさせようとしていた、まさに矢先の大震災であった。私自身言葉がない。

テレビ放映の中で、ある地震学者が、今回の東北地方太平洋沖地震は一一〇〇年前の東北地方を襲った地震・津波以来であると語っていた。

私が宮城県多賀城跡調査研究所に勤務していた一九七〇年代の発掘調査で、その中心施設である政庁跡の八世紀後半の建物が、九世紀半ばに全面的に建て替えられていたことが明らかになった。当時の歴史書『日本三代実録』によると、貞観十一（八六九）年五月二十六日の記事に次のようにある。

陸奥国境（おそらく三陸沖）で大地震が発生した。人々は叫び、立っていることができずに、家屋の下敷きになる者や地割れに落ちる者があった。馬牛は驚き走り回り、多数の城郭や倉庫、門《もん》櫓《やぐら》や墻壁《かきかべ》が崩れ落ちた。海が雷のように鳴り、大きな津波がたちまちに多賀城下にまで押し寄せた。海から数十里（古代の一里＝五三五メートル）離れたところでも、水没してみぎわの区別がなくなっており、野や道路はすべて海原となった。船に乗る余裕もなく、山に登っても十分な高さまで登りきれず、溺死者は千人にのぼり、家や田畑はほとんど遺《のこ》らなかった。

現在の多賀城跡の地点は海岸線から約三キロメートルであり、今回の津波は砂押川をさかのぼったが、途中で堤防が決壊し周辺に浸水してそれ以上さかのぼらなかった。

九世紀は歴史書によるかぎり古代史上、もっとも天変地異の相次いだ世紀といわれている。全国各地で火山噴火・地震・長雨・旱魃《かんばつ》などがくり返され、疫病そして飢餓に見舞われたのである。

富士山も同じころ、八〇〇年六月に噴火した。噴火は三月十四日から四月十八日の約一カ月続き、昼は噴煙が空を覆って辺りを暗くし、夜は火炎が天を明るく照らしだし、噴火は雷のような大きな音を立て、灰が雨のように降り注ぎ、溶岩が流れ込んで山下の川を真っ赤に染めたという。一年半後の八〇二年正月にも昼夜噴火が続き、砂礫《されき》があられのように降ったという。八六四年から翌年にかけても富士山は大噴火している。こうした相次ぐ富士山の噴火は〝秀麗な富士〟のもう一つの顔、畏敬《いけい》される山としての〝霊峰富士〟をうみだした。

さらに山梨二十世紀最大の自然災害は明治四十(一九〇七)年八月、未曽有の大洪水に見舞われたことである。死者二三三名、全壊・流失家屋、約五千戸であった。

多賀城の変遷

Ⅰ期　創建(七二四年)
　　～大改修(七六二年)
Ⅱ期　大改修～火事(七八〇年)
Ⅲ期　火事の復旧・整備～地震
Ⅳ期　地震の復興～十一世紀中頃

山梨県立博物館は開館にあたり、基本テーマとして〝山梨の自然と人のかかわりの歴史を明らかにすること〟と定めた。長い歴史のなかで、山梨の地は、豊かな自然の恵みを受けるとともに、時として自然の脅威に直面したが、人々は畏敬の念を持ちつつたくましく生き抜いてきたのである。

テレビで映された津波の猛威に、人々の日常がずたずたに引き裂かれる様は、日本列島そして世界の人々を震撼《しんかん》させた。しかし東北地方の人々はもうすでに立ち上がり、復興へ向かおうとしている。それぞれが生まれ育った故郷の地で再び営みを開始するであろう。そのエネルギーは、豊かな自然の中で育まれ、時には脅威の自然と立ち向かってきた歴史と文化への強い思いではないだろうか。被災地の一日も早い復興を願い、私自身、東北地方の歴史・文化の研究をさらに進め、人々との交流をこれまで以上に深めていきたい。

人と自然のかかわりの歴史を問う

二〇一一年三月十一日の東日本大震災は、われわれに社会構造そのものについて厳しい選択を迫っている。今や、日本列島内の現在およびこれからのあらゆる災害のみでなく、日常のなかで、自然への向き合い方をつねに問うことが不可欠となったといってよい。そのためには、気候変動や植生の遷移などの長期的な環境の変化のみならず、地震・洪水・火山爆発など人の制御できない環境の短期的激変に、人がどのように対応してきたのかを明らかにし、歴史の真実の姿を追究しなければならない。

既刊本の中で、私は日本の歴史像を構築する上で、自然環境の最も根幹をなす日本列島における気候と地形の変動について地理学者などとその解明にとりくんだ（『環境の日本史』全五巻、吉川弘文館、二〇一二～二〇一三年）。

ここでは、自然地理学者・海津正倫《まさとも》氏「日本列島の復原」（『環境の日本史』第一巻所収）および坂井秀弥氏『古代地域社会の考古学』（同成社）などを参照しながら、意図したねらいの一端を紹介しておきたい。

干潟となりわい―有明海―

『日本史と環境―人と自然』（第一巻）の表紙デザインには、有明海《ありあけ》の干潟《ひがた》に生息するムツゴロウ漁を掲載することにした。第一巻では日本列島の形成と変遷を明らかにし、列島にくらす人々が自然と向き合ってきた歴史を総論として描くことを主眼にしたので、日本列島沿岸の干潟とその生業の姿が最もふさわしいと考えたからである。

日本列島における臨海平野の三角州は水中堆積物である上部砂層の上に洪水のたびに泥土が堆積

され、干潮《かんちょう》時には離水し、満潮《まんちょう》時には沈水する干潟が発達する。

列島の沿岸部では一般的に、オホーツク海沿岸や日本海岸においては干満の差が小さいが、太平洋岸では干満の差が大きく、とくに九州の有明海沿岸では大潮《おおしお》の際には干満の差が六メートルにも達する。このような干満の差を利用して干潮時に離水する干潟の部分を堤防で囲んで排水し、陸化した土地が干拓地であり、近世以降干満の差の大きな太平洋岸の沖積低地において大規模な干拓による新田開発が行われてきた。

有明海は魚介類の天然餌料が豊富なために稚魚の育成に適している。局部的に外洋性魚類のサワラ・グチなどが生殖のために回遊し、ハモ・クロダイ・ヒラメなども餌を求めて長期間滞留する。また定住的に生息している沿岸性魚類のムツゴロウなどのハゼ類が非常に多い。さらに有明海の広大な干潟は、餌料となるプランクトンも多いために貝類の繁殖に適し、アゲマキ・カキ・アサリなどが生息している。

有明海のムツゴロウ漁は、押え板に乗って干潟上のムツゴロウに気付かれないように静かに近づき、六メートル内外離れている所から長さ三・七メートル余りの竹竿の先についている鋭い鉤《かぎ》をムツゴロウの一〇センチほど先に落ちるように投げる。鉤が地面に落ちると同時に、すばやく竿を手前に引き上げ、鉤に引っかけて釣り上げる最も熟練を要する特殊な漁撈方法である。

この漁法は、松田房晃（一八二二～一八七六）筆の「有明海漁業実況図」という淡彩図巻に「むつつり」として描かれている。この図は、幕末から明治初頭ごろにかけての作とされており、この「むつつり」が少なくとも江戸期までさかのぼる漁法であることは間違いない。

三重県志摩市の英虞《あご》湾でも、湾を囲んでいた約二七〇ヘクタールの干潟が、江戸時代以降、七割も干拓された。戦後、一九五九年の伊勢湾台風、翌一九六〇年のチリ津波襲来の際には著しい高潮によって干拓地が水没したために、そののちコンクリート堤防で完全に海と仕切ってしまっていた。かつて英虞湾では、海辺まで迫る山林から流れ込む栄養分が、真珠養殖のアコヤガイなど多様な生きものを育んできた。しかしコンクリート堤防で仕切られ、赤潮や貧酸素のせいで一九九〇年代にアコヤガイが大量に死んだ。有機物を分解して水を浄化する干潟が失われたこともその一因と考えられている。

日本列島沿岸部の環境と漁業資源を育んできた干潟との向きあい方も日本列島の歴史・文化のきわめて特色のある一断面であり、今、海の再生と干潟の保全が各地で叫ばれている。

有明海の干潟で見られるムツゴロウ漁

地形変遷と歴史の実像――越後平野

日本海に面する平野では海岸線に沿って砂丘や砂堆が発達する例が多く、巨大な砂丘があたかも堤防のように水の流れをさえぎり、砂丘の内側には広大な後背湿地・湛水地が広がっていた。その代表的なものは越後平野である。越後平野は構造的に沈降傾向の顕著な平野であり、沖積層の層厚は多くの沖積平野の沖積層の厚さと比べるとそれらの倍以上の百メートルを超えており、平野面の勾配も三条市以北では四〇〇〇分の一以下というきわめて緩やかなものである。

現在海岸には多くの河口があるが、信濃川と北部の荒川をのぞくといずれも人工的に開削された放水路であり、越後平野を流れる河川の大半は、かつて信濃川に合流して日本海に出ていた。阿賀《あが》野川《のがわ》の現在の河口は、十八世紀前半に開削されたものであり、それまでは砂丘にさえぎられ、流路を西に変え、信濃川の河口付近で合流していた。そのため、沖積地には広大な排水不良地が存在し、鳥屋野《とやの》潟・福島潟・紫雲寺《しうんじ》潟など多数の沼沢地が形成されていた。阿賀野川以北では水はけが著しく悪かった福島潟から砂丘の背後に沿って流れていた加治川《かじがわ》の排水を目的として享保十五年（一七三〇）に松ヶ崎放水路が、明治四十一年（一九〇八）～大正二年（一九一三）には加治川放水路が建設され、閉塞状態で湿地や沼沢が広く分布し、水害が頻発していた地域の排水不良地が大きく変化するにいたった。

古代の『和名類聚抄《わみょうるいじゅしょう》』（十世紀前半成立）によると、水田面積は、越後が約一万五千町、越中が約一万八千町である。一方、越後国の面積は一万二二五三平方キロメートル、越中国の面積四二五〇平方キロメートルであり、水田面積にあまり大きな差はないが、越後の総面積は越中の約三倍もある。ちなみに九〜十世紀頃の越後国の人口を推計すると、古代の地方行政組織・国—郡—郷（里）制のもと、一郷の人口一四〇〇人計算で、越後国三四郷、四万七六〇〇人、佐渡国一三郷、三万二二〇〇人となり、越後国に比して、佐渡国の人口密度の高さに驚く。

結局のところ、古代の越後国は、広大な土地を擁しながら、きわめて少ない耕地しかなく、人口も少なかったと判断できよう。そののち近世では信濃川と阿賀野川の河口付近を占める新潟市域の約一五〇の村のうち七カ村以外すべてが新田村であり、近世以降の開発にともなって多くの集落が成立したことがよくわかる。越後は近世の干拓や河川の放水路開削により、飛躍的な新田開発が行われ明治半ばまで全国一の人口を擁することとなった。現在、新潟県の人口は約二三五万人、そのうち佐渡市は六万人である。

厳しい地形変動のなか、越後地方の人々は、自らの暮らす潟のある地形を古代・中世に内水面交通として活用し、やがて高い砂丘を開削し、日本海に放水し干拓・新田開発で有数の穀倉地帯を創出した。

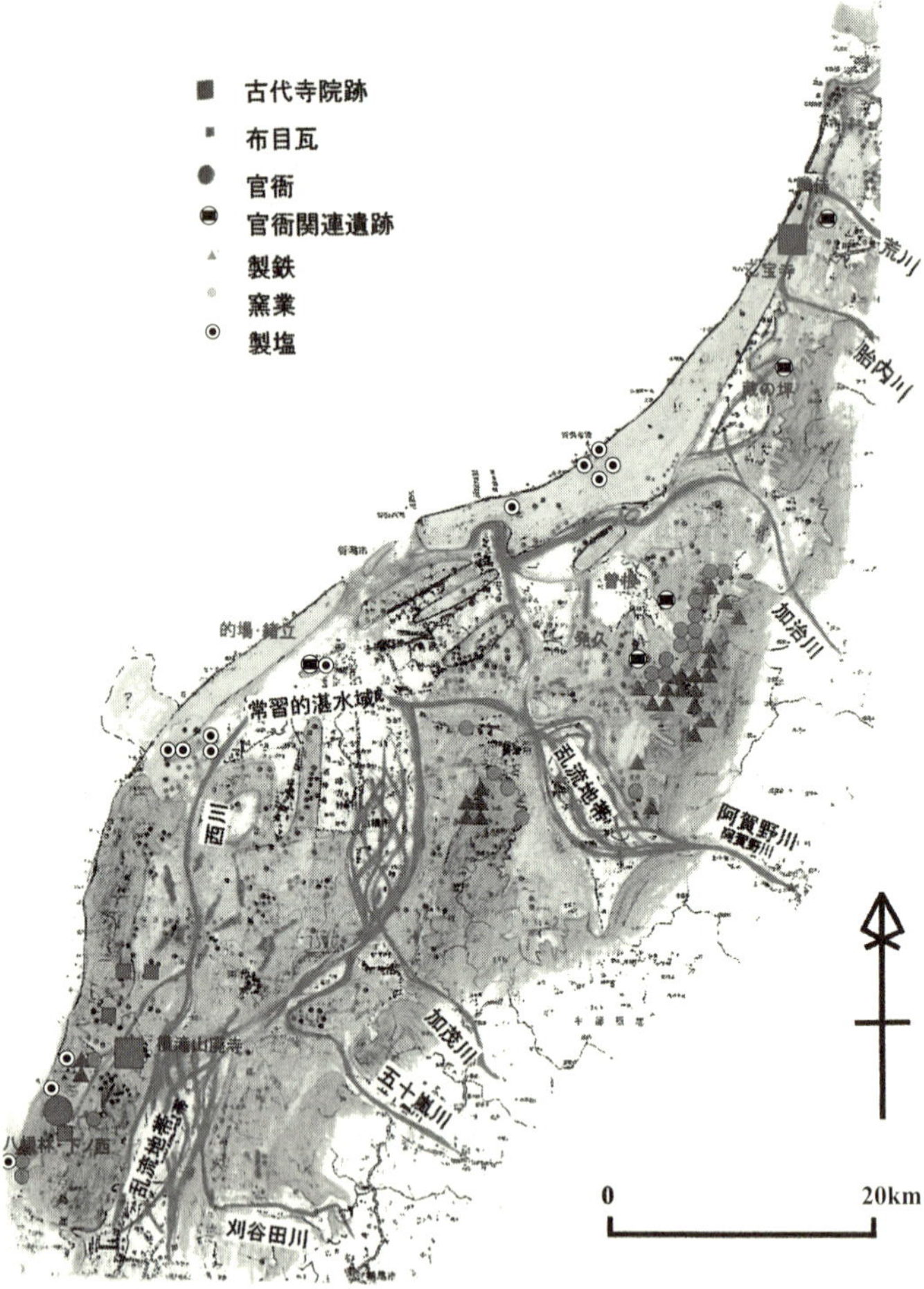

奈良・平安時代の古地理と重要遺跡

地域社会の歴史・文化は、人と自然のかかわりの中でつくられる。現代の危機的状況を打開し、将来に大きな展望を見い出すためには、人と自然のかかわりの歴史を解明することが何より肝要であると考えられる。その解明に基づき、現代社会および将来に向けて構築される新たな自然観・環境観こそが、環境問題さらには社会構造の変革への展望を導き出す重要な思想となるのではないだろうか。

今回の大震災は、わが国における学問体系そのものの再検討を迫るものとさえ受けとめられる。改めて人と自然のあり方が強く問い直されることとなった。これらの一連の研究が新たな日本の歴史・文化研究の出発への礎となることを願いたい。

「博物館型研究統合」の実践

二〇〇七年に提唱した新しい研究スタイル「博物館型研究統合」とは、〈資源〉〈研究〉〈展示〉という三つの要素を有機的に連鎖させ、さらにそれらの要素を国内外の幅広い人々と〈共有・公開〉することによって博物館という形態をもつ大学共同利用機関の特徴を最大限に活《い》かした研究を推進することである。

この「博物館型研究統合」の実践例を一つとして石碑の研究を紹介しておきたい。

資　源

日本列島に石碑が立ちはじめたのは七世紀頃からと考えられる。それ以降、九世紀前半までの間に現在知られているかぎりでは二六基が立てられ、一七基が現存している。この石碑の数は、石碑文化の華やかな古代中国および朝鮮に比べると、きわめて少ない。そもそも立碑は日本固有の文化ではない。そのようななかで立てられた碑は、何らかの形で中国・朝鮮文化に強く接近した者（渡来人を含めて）の手によるもので、それぞれ特別の意味が込められていたのであろう。

歴博初代館長井上光貞氏は、中国の陝西省〝西安碑林〟にならい、日本古代の現存する碑を全点複製し、歴博の庭に〝碑林〟として展示したいという構想を抱いていた。その意向をうけて、考古研究部は、開館以来、毎年一基ずつ精密な複製品を製作し、十六年の歳月をかけ、現存する十四基の石碑の精巧な複製を完成させた。

その複製方法は、①錫箔《すずはく》押し（錫をたたいて、紙のように薄く平らに延ばしたものを石碑全面に押す）②シリコンを一面に塗りつける。③そのシリコンの上に石膏《せっこう》を塗布。④型を外し、外された型に合成樹脂を流し込み、複製品を完成させる。

その複製品はきわめて精度の高いもので、調査研究資料として十二分に活用でき、拓本をとるこ

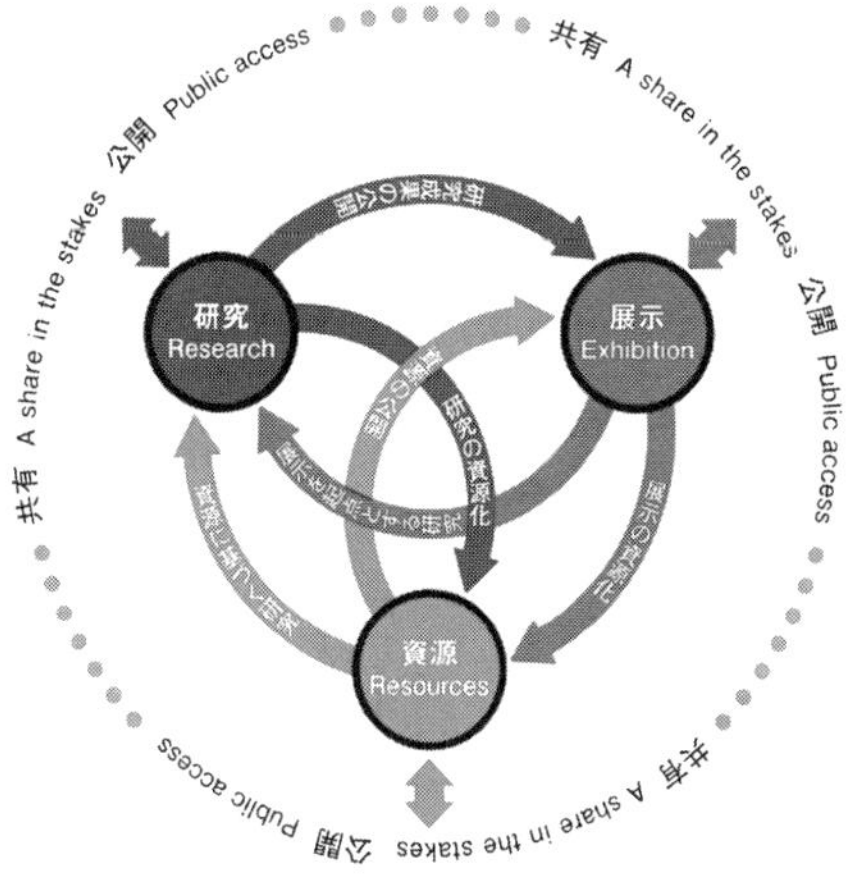

博物館型研究統合

とも可能である。

展　示

一九九七年九月三〇日より十一月二十四日までを会期として企画展示「古代の碑―石に刻まれたメッセージ」を開催した。この企画展は、現存の一四碑の正確な複製品や復元品およびその関連資料を一堂に集め、古代の碑の全貌を紹介したのである。

日本列島各地に散在する古代の碑を訪ね歩くのは大変である。しかも、実際に現地に赴いても条件の悪いところが多いうえに、保護のために覆屋《おおいや》の中にあり、暗くてよく見えなかったり、また碑の裏側から碑文を見ようとしてもなかなか叶えられないのが実情である。その意味では本展示は、複製とはいえ、碑を比較しながら碑全体をじっくり観察できる絶好のチャンスである。このような企画展示が実施できるのは、やはり博物館ならではのことである。

多賀城碑 11
那須国造碑 3
山ノ上碑 2
金井沢碑 7
山上多重塔 15
多胡碑 4
超明寺碑
宇治橋碑 1
元明天皇陵碑 5
9
19
10
采女氏塋域碑
宇智川磨崖碑 12
竹野王多重塔 8
仏足石
仏足跡歌碑
阿波国造碑 6
伊予道後温湯碑 17
寺領碑 16
浄水寺南大門碑群 13
如法経碑 25
灯籠竿石 14

古代日本の石碑

熊本県浄水寺碑群（右から灯籠竿石・如法経碑・寺領碑）

研究

① 熊本県浄水寺碑群の再検討

古代の石碑の中で、国の指定もなく、古代史研究に歴史資料として全く活用されてこなかったのが熊本県の浄水寺碑群であった。

浄水寺は熊本県のほぼ中央、八代《やつしろ》に近い下益城《しもましき》群豊野村（現宇城《うき》市）にある。古代でいえば、国府が一時置かれたとされる肥後国益城郡と宇土《うど》郡、八代郡の三郡のほぼ真ん中ぐらいの位置である。『類聚《るいじゅう》国史《こくし》』に、天長五年（八二八）肥後国浄水寺が定《じょう》額寺《がくじ》として登録されたことがみえる。定額寺というのは、国分寺のような国の官寺に準じた形で鎮護国家を祈らせるために特定した寺である。浄水寺はおそらく八世紀の後半に建てられ、九世紀前半に整備されたと考えられる。

浄水寺には南大門碑と寺領碑《じりょうひ》、灯籠竿石《とうろうさおいし》、如法経碑《にょほうきょうひ》という四つの碑が立てられている。南大門碑は延暦九年（七九〇）、灯籠竿石は灯籠の竿部分が残っており、延暦二〇年（八〇一）のものである。さらに浄水寺の領地を書いた寺領碑は天長三年（八二六）という年号をもっていて、この浄水寺には八世紀終わりから九世紀前半にかけた三つの古碑が並んでいる。さらに平安時代後半の如法経碑（康平七年〈一〇六四〉）もあり、このように四つの古代の碑が並んでいる所は日本列島では浄水寺しかない。

歴博の複製製作に伴う調査によってまず、南大門碑は浄水寺を創建した僧奘善《じょうぜん》、灯籠竿石と寺領碑はその弟子薬蘭《やくらん》によってそれぞれ作られたことが明らかとなった。

また四碑のうちでも碑の釈文が定まっていない寺領碑を綿密に調査することになった。

最初にこの碑に接した時、私は大変読みづらい碑だと思った。浄水寺付近は阿蘇山の噴火でできた溶岩地帯で、碑の石材も凝灰岩《ぎょうかいがん》である。碑文はその碑面を平滑にして刻むが、凝灰岩の場合にはどこまで刻っても気泡《きほう》があり、彫った文字の字画なのか自然の凹凸（気泡）なのか、なかなか区別がつかない。この碑を最初に読まれたのは一九六〇年代の熊本大学松本雅明氏であり、その松本氏の釈文は、『平安遺文』に載っているが、その釈文では全体の文意・構成をとらえることができず、長い間、古代史の研究者はこの寺領碑にはほとんど目を向けなかった。

しかし、私は未解明な資料については、やはり徹底して調査を試みるのが研究者の役割であろうと思う。そのうえ浄水寺碑の場合、碑はつい最近まで無人の神社境内に覆屋もなく四碑が立っている危険な状態に置かれていたのである。一日も早くこれらの碑の釈文を確定し調査報告書をまとめ、国の重要文化財の指定を受け、保護措置を加えなければ、この碑はこのまま朽ちていってしまうのではないかと思った。

（現在、浄水寺碑は四基すべて収蔵庫に保管され、熊本県教育委員会から調査報告書も刊行され、重文指定へ向け準備中である）

問題の寺領碑は角柱状を呈し、三面に碑文が認められる。第一面はいわゆる序文であるが、遺存状態が悪くほとんど具体的な内容はわからない。

数回の現地調査を実施し、新たに発見した文字の二例をあげておきたい。第二面の四行目に「會《え》料之代十二条荒佐里六七段一百卌四歩見開五段百卌四歩」と書いてある。例えば次行の「荒佐里四加和良田八段」の場合、「荒佐里四」の次に「加和良田《かわら》」という田の名前が書かれているように、本来ならば「荒佐里六」の次に田の名前が記されなくてはいけないのに、「七段」と田積がいきなり書かれている。最初は凝灰岩の凹凸の中で全然気づかなかったが、調査の最後の頃になって、よく注意して見ると、四行目の「六七段」の横に、縦の罫線上に小さい文字で「山田」と彫ってあっ

従来の浄水寺碑の釈文

（第二面・北側）

一松罡（岡）田一町四□収者故僧□□□師□進
□□□二条□□田□□□□七十
料田二町七収二十□
□□収十一条□□□□六山田
會料之代三条荒佐里□六七収一百□四歩□開五□百卅四歩
□□□□三条□□□□四加□良□田八収
十一条荒佐里一山田　十二条荒佐里一山田
一収　問料田□□一収
条苗瀬里二山田
盂蘭食会料四収□□□□
□□汲江□十五町一□一田収□□□□

（註）松本雅明「浄水寺の四碑」（熊本県教育委員会『熊本県文化財調査報告』第三集、一九六二年）

国立歴史民俗博物館の新釈文

第2面

1

2　[　　]七[　]□(所)
　　□(一)松岡田一町四段此者故僧□□師所進

3　料田□(三又は五)町七段二百[　　]
　　十二条苗瀬里□(七)山田七段七十二歩□□□□(所)進
　　段　十一条苗瀬里六山田□□(段)

4　會料之代十二条荒佐里　六『山田』七段一百卌四歩見開五段百卌四歩
　　[　　]十三条□(荒)□(佐)里四加和良　田八段

5　十一条荒佐里一山田　　十二条荒佐里一山田
　　□一段　　問料田□町一段

6　□条苗瀬里二山田
　　盂蘭瓫會料四段

7　諫染郷□(東)十五□(条)□里四□(岡)田[　　]

た。これは、最初に文字を彫った際に書き落としてしまい、「山田」という二文字を後で補ったと判断できる。このような石碑の記載はおそらく他の碑では例をみない、紙の文書をそのまま石碑に彫り込んだことを伝えていると考えられる。さらに調査で解読できたもう一例は、第二面の七行目にある「諫染郷《いさぞめごう》」という郷名である。『平安遺文』の釈文は、「口汲江」と読んでいる部分である。

この釈文によって初めて宇土郡の諫染郷にも浄水寺（寺は益城郡に所在）の寺領があったことが明らかになった。しかも、そこには東一五条とある。この調査で条里復原を担当いただいた京都大学の金田章裕氏の分析によれば、宇土郡の場合は益城郡とは逆に西から一条二条三条と東に読んでいくので、最後が東十五条という形でおさまる。つまり、宇土郡の東一五条と益城郡のいわば西の一五条とが接するような形になっているところが浄水寺の寺領の一部になっていることがわかった。

② 古代日本における石碑の特質

現存する古代の碑を眺めてみると、華やかな碑の文化を誇った中国や朝鮮の碑とは非常に大きな違いを示している。数も一七碑ときわめて少なく、年代的にも七世紀から九世紀半ばまでに集約されている。碑の内容を見ても、中国や朝鮮半島の碑の場合、高句麗の好太王碑《こうたいおうひ》にみられるように王の顕彰の色彩が強く、また新羅で顕著に確認されるように王が地方に赴いた際に巡幸碑が立てられている。日本では、古代に天皇が行幸しても、そこに碑が立つということはない。

数少ない日本の碑の中で政治的色彩をもつ碑は、多賀城碑と多胡碑だけである。多賀城碑は多賀城を修造した藤原朝臣朝獦《あさかり》の顕彰碑と考えられる。上野《こうずけ》の多胡碑《たこのひ》も建郡碑、つまり和銅四年(七一一)に多胡郡を設置したことを記した碑である。那須国造碑《なすのこくぞうひ》も日本三古碑の一つということで、多賀城碑や多胡碑と並び称せられ、政治的碑ととらえがちであるが、それは国造碑という名前のせいであろう。那須国造碑はあくまでも亡くなった国造を子供が讃えた、いわば供養碑であるという点で、上野三碑の多胡碑を除く山ノ上碑《やまのうえひ》や金井沢《かないざわ》碑《ひ》ときわめて近い。文字もとても小さく端正な文字で慎ましく書いている。それに対し、多賀城碑と多胡碑は文字が見るものに迫るような大きさで、やはり政治的な匂いをそこに漂わせている碑といえる。他の碑はすべて仏教色が認められ、

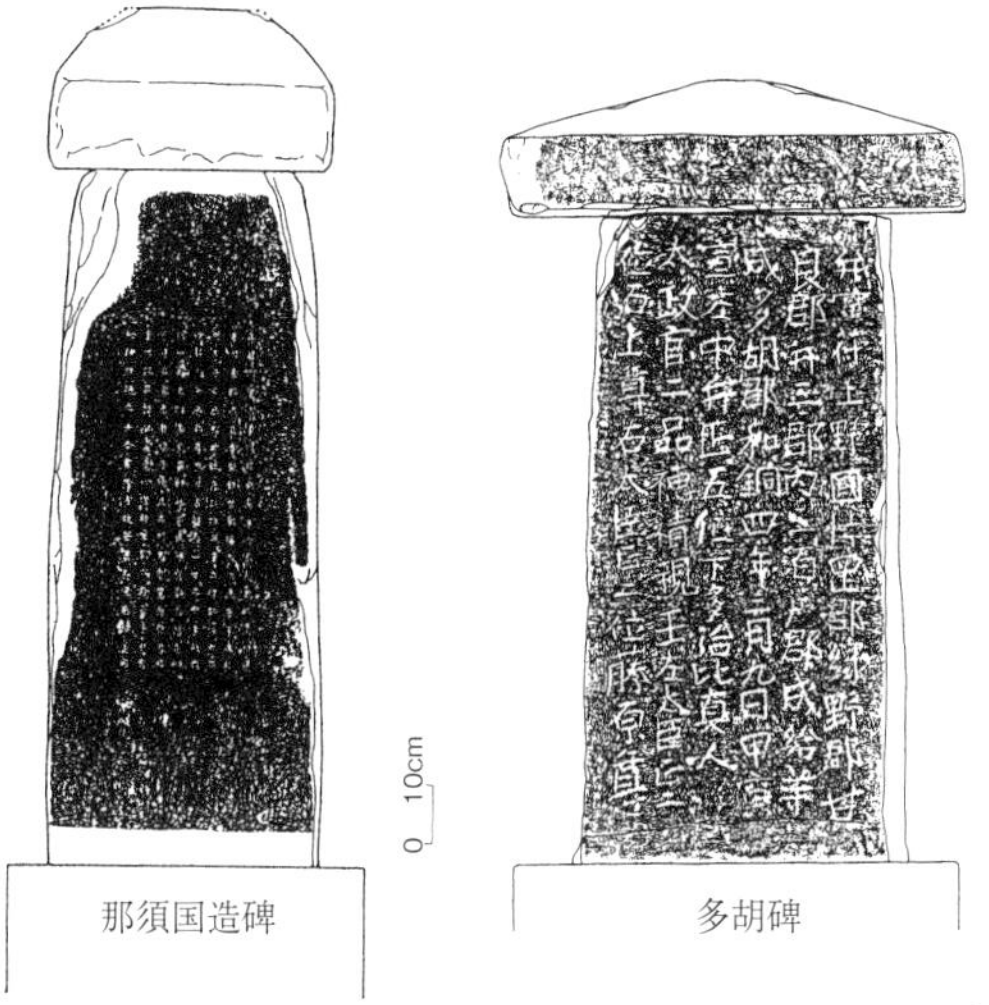

碑の文字の大きさ

京都の宇治橋碑《うじばしひ》にしても道登《どうとう》という僧侶を讃えた碑であり、浄水寺碑群はまさに寺院に関わる碑そのものである。

ところで、日本固有の文化ではない石碑をなぜ立てたかということが問題になろう。多賀城碑は、朝獦という当時外交官として東アジアの情勢に通じ、碑の文化を知りつくした人物が立てている。多胡碑も渡来人（胡人）が多いという郡名（多胡郡）どおりの渡来人による建碑である。那須国造碑も中国の年号（永昌元年）で始まる碑である。

また、浄水寺の寺領碑は、紙の文書のものを碑としてなぜ彫りつけたのか。僧奘善および弟子の薬蘭が中国の玄奘法師《げんじょうほうし》にあこがれたゆえに碑にたくしたのではないかと考えられる。そのようにとらえると、すべての碑は、渡来人を含めて、何らかの形で古代中国や古代朝鮮の文化に深く接した人が碑を建てており、それぞれに特別の意味が込められていると思われる。

以上のような日本の古代の碑の特質は、博物館で精密な複製製作した一四碑を展示室にすべて並べてみて、はじめて認識できた事実といえる。

新展開

① 文字文化の中の石碑

二〇〇八（平成二〇）年から二カ年、歴博共同研究の準備研究として「古代における文字文化形

企画展示「古代の碑」展示風景（上）と歴博・中庭回廊展示「碑の小径」（中・下）

成過程の基礎的研究」を実施した。平成二十二（二〇一〇）年～平成二十四（二〇一二）年の歴博共同研究・基盤研究「古代における文字文化の総合的研究」および科学研究費補助金基盤研究（A）「古代における文字文化形成過程の総合的研究」（平成二十二年度～二十六年度、研究代表者平川南）において、古代日本の文字文化形成過程における石碑の歴史的意義について検討をおこなう。特に古代朝鮮との比較研究を実施している。また、国際交流事業として、歴博は学術研究交流協定を結んでいる韓国国立中央博物館との国際共同研究〔第二期〕「古代日本と古代朝鮮の文字文化に関する基礎的研究」（二〇〇九年度～二〇一一年度）において、古代朝鮮と日本との文字文化比較の観点から、歴博の古代碑複製品の綿密な検討を行っている。さらに二〇一一年、韓国国立中央博物館で行われた特別展示「文字からみた古代人の生活」では、歴博の古代碑複製品が展示された。

② 館内中庭回廊展示「碑《いしぶみ》の小径《こみち》」

一九九七年の企画展「古代の碑」で公開して以降、館内の収蔵庫に保管されていた石碑（複製品）を、二〇〇八年歴博の中庭の回廊に「碑の小径」として、一〇基展示した。

屋外のため、自然光で一日のうち、常に観察条件が変わるが、日本列島に現存する石碑一〇基（このほか多賀城碑は第一展示室〈古代〉に常設されている）を間近に一文字一文字時間制限もなく、じっくりと観察できる。もうすでに大学の史学科等の講義・演習に活用され、大学共同利用機関として意義ある展示といえよう。

「碑の小径」は開館以来の念願であった〝碑林〟構想がようやく実現したといえよう。

井上先生と私

私は先生と親しく接する機会は少なかったが、わずかな接触しか持ち得なかった若輩にさえ、多大な影響を与えた先生の豊かな魅力をここに語らずにはいられない。

先生と親しく言葉を交わす機会は、私が宮城県多賀城跡調査研究所在職中に訪れた。先生は多賀城跡調査研究指導委員として、しばしば会議に出席され、積極的な意見を述べられた。

第八回（一九七三年）の会議では、多賀城跡に隣接して東北歴史資料館を新たに設置する件が討議された。それまで静かに黙されていた先生は発言を求められ、他県の例を挙げながら「館を作ることによって、研究所の機能が低下するのではないかという危惧を強くもつ」と、かなり強い調子で述べられ、一瞬、緊迫した空気が流れたのを今でも覚えている。第一五回（一九七九年）の席では、研究所が多賀城関連遺跡の調査をどのように扱うかについて、「研究所に期待しているのは、東北古代城柵研究の中心的役割である。県外へも積極的に出てゆくべきであろう」と繰り返し述べ

井上光貞初代館長

られた。

この二つの発言に象徴されるように、先生は常に研究機関の自立性および積極性を強調され、研究所の組織の強化を県当局に強く進言されたのである。こうした発言が、その後の研究所の研究活動を助け、有意義な仕事を生みだす強力なバックアップとなったのである。自らの歴博構想でも、このような手腕を遺憾なく発揮されたことは周知のとおりである。

その多賀城跡で、一九七八年、漆紙文書が発見され、私はその文書の解読を担当した。水を張った容器の中に漆紙文書を入れ、じっと観察していると、少しづつ「大領外正六位上勲十等丈部……」などとつぎつぎに文字が浮かび上ってくる。正倉院文書を直に手に取って見るような興奮を覚えた。しかし、全点数の半数近くを読み終えた時、はたと困惑した。肉眼でさえ容易に確認できないものをどうして第三者に伝えたらよいか。

当時、文化庁に置かれた歴博の準備室に、井上先生と岡田茂弘氏（初代宮城県多賀城跡調査研究所長）を訪ねたのは、それから間もなくである。私の説明に次第に身を乗り出しながら、一回一回頷かれ、「これほどの文書が確認できるなら、他の断片にも文字があるかもしれないね」と仰せられた。そこで、岡田氏が「東京文化財研究所の赤外線テレビカメラで見たらどうか」と勧めて下さった。

赤外線テレビカメラは、肉眼ではどうしても解読できなかった漆紙の文字を鮮やかに映し出した。この成果の公表直後、新聞紙上で赤外線テレビの効用を逸早く強調されたのも井上先生であった（「古代の紙」発掘の意義―多賀城跡の漆紙文書―」、井上光貞著作集第六巻三四二―三四五頁所収）。今では、赤外線テレビカメラは全国各地の諸機関に備えられ、木簡・金石文、さらに仏像や棟札などの調査にまで幅広く活用されている。

その三年後の一九八二年、私は歴博に転じ、先生の下で、第二の研究活動に従事できる機会を得たのである。赴任後間もなく、館長室で、「慌てることはない。研究はじっくりやりなさい」と仰せられた。慈愛に満ちたその言葉も私にはとても厳しい響きに聞こえた。私が新天地で、多少気負っていた様子を素早く見抜かれ、鋭く指摘されたからである。その後、私が館長室を訪れるのは、決って、各地の発掘調査で出土した漆紙文書や木簡・墨書土器などの文字資料を解読した時である。

私が新資料を携えて、館長室をノックすると、（私が申し上げるのは失礼であるが）とても人なつこい笑顔と若者のような眼の輝きをもって、応対して下さり、労うように「よかったね」とまず声をかけて下さった後で、矢継早に細かい内容について質問され、最後には必ず、「次の時でよいから、その写真を頂戴よ」と念を押された。常に新しい動きに敏感に対応され、忽ちに自らの知識として吸収され、深められていく姿勢を間近に感じた。

開館直前の慌ただしさの中、先生との懇談は別の訪問者によって中断されることがしばしばであった。ある時、館を訪れた来客と入れ替わり、出口で何の気なしに振り返った時、今まで談笑されていた柔和な表情はすでにそこにはなく、多難な館運営にまさに身を削る思いで対処されている先生の厳しい姿があった。東大を退官され、歴博の仕事を引き受けられた時、すでに館に自らの生命を捧げる決意でおられることを改めて思い起こし、何とも言えない気持ちで、館長室を後にした。

赴任間もない私には、まさに激動する歴博をどのように把えてよいのか戸惑うばかりであった。皆が翌年（一九八三年）三月の開館を目指して、それぞれ与えられたパートの準備に邁進中で、横をみる余裕すらない状態である。私も律令国家のコーナーを担当し、各地の発掘現場との接触も次第に遠ざかり、展示内容以外にこれといった新しいニュースもなく、館長室を訪れる機会を失ってしまった。

先生の考古資料に対する関心の深さは、稲荷山鉄剣の例を挙げるまでもなく、先生の御論考、そして歴博の基本構想に端的に表われている。その一部を紹介すると、「新しい歴史学は、例えば、日本の古代史学は、古代史学の元来の領域たる文献史学を越えて、地下の遺跡・遺物の発掘に基づく考古学との連繋を深め、かつ深めざるを得ない状況になっている」とした。しかし、「歴史学（狭義）・考古学・民俗学の提携とは、安易な野合ではなくて、それぞれに独立する三者の協業的研究活動でなくてはならない」とも主張された。

　新たな出土資料への深い関心と共に、文献史学に対する厳密な姿勢は、古代史研究の最も基本的な史料の一つである正倉院文書全巻の完全複製という大事業の実施に象徴されるであろう。周知のとおり、正倉院文書は勅封の宝庫に伝存しているため、特別の機会を除いては、一般には公開されていない。そこで、宮内庁の許可を得て、全八〇〇巻を四〇～五〇年かけて複製しようという遠大な計画である。誰もが想像もしえない大事業に着眼し、実行に移してしまう、その大胆な発想と手腕にはただ驚嘆するばかりである。そして正倉院文書の複製は単に展示公開するのみではなく、研究資料としても活用すべきであると強調された。

　先生の急逝後、歴博の研究報告第三集を追悼号とすることに決定した時、私は何としても、この号の中で、先生の生前強調された正倉院文書の複製が研究資料として有効であることを立証したかった。「出雲国計会帳」を例に、複製を用いて、計会帳の解《げ》部の復原を試みたのはそのためである。また、一九八五年秋、歴博で開催したはじめての企画展「正倉院文書展」は、正倉院宝庫から流出した正倉院文書を蒐集展示したもので、学界の多年の要望に多少なりとも応えることができたと思えるが、この展示も、先生の標榜された大学共同利用機関としての歴博の役割の一端を示し、併せて、正倉院文書複製事業の中間報告の意味をも含めた企画展であった。

先生の逝去後間もないある日、偶然、渋谷駅近くで奥様にお会いした。憔悴された奥様に、「先生の御遺志を継いで……」と言うことができず、ただ一言「頑張ります」と申し上げるのが精一杯であった。

初出一覧

序章　研究の原点

「再会を刻んだ印」（日本経済新聞社　二〇〇八年二月二日付）

「三十四年前の〝問い〟」（朝日新聞社　二〇〇五年六月二十二日付）

Ⅰ　紙に記す

「地下の「正倉院文書」」（河北新報社　一九七八年六月十五日付）

「漆紙文書発見顛末記」（中央公論『日本の古代』月報　一九八六年十一月）

「古代の暦―岩手・胆沢城跡出土の漆紙文書」（毎日新聞社　一九八二年一月七日付）

「象潟発・古代の便り」（朝日新聞社　一九九三年四月十六日付夕刊）

「一家六人、相ついで死亡す」（神戸新聞・陸奥新報ほか・時事通信　一九九九年十二月十七日付）

「一二〇〇年前の休暇届」『歴博』九十七号（国立歴史民俗博物館　一九九九年十一月）

Ⅱ　木に記す

「地方豪族の大規模な生産」（読売新聞社　一九九六年十一月七日付夕刊）

「絶大だった郡司の権力」（信濃毎日新聞社　一九九四年七月二十八日付）

「右大臣昇進の贈り物は名馬」（神戸新聞・陸奥新報ほか・時事通信　一九九九年十一月十九日付）

「屋敷神のルーツ」（神戸新聞・陸奥新報ほか・時事通信　一九九九年十一月十二日付）

「高度に管理された古代の稲作」（毎日新聞社　一九九九年八月二〇日付夕刊）
「石川・加茂遺跡から「お触れ書き」発見」（朝日新聞社　二〇〇〇年九月二十九日付夕刊）
「佐賀・中原遺跡　防人の木簡」（読売新聞社　二〇〇五年七月五日付）
「太宰府で出土　最古「戸籍」」（読売新聞社　二〇一二年八月一日付）

Ⅲ　土器に記す

「文字を刻む」『婦人之友』九三巻一号（婦人之友社　一九九九年一月一日）
「福岡・三雲遺跡群にみる日本人の文字との出あい」（朝日新聞社　一九九八年三月九日付夕刊）
「竈神・歳神」『歴博』四六号（国立歴史民俗博物館　一九九一年四月）
「墨書土器から「古代の村」を読む」『歴博』九一号（国立歴史民俗博物館　一九九八年十一月）
「則天文字を追う」『歴博』三四号（国立歴史民俗博物館　一九八九年四月）

Ⅳ　金石に記す

「ドラマチックな復権」（河北新報社　一九八九年六月十九日付）
「発掘が明らかにした多賀城碑の真偽」『週刊街道をゆく』三二（朝日新聞東京本社　二〇〇五年九月二十四日付）
「「王賜」銘鉄剣」『歴博』二七号（国立歴史民俗博物館　一九八八年二月）
「古代印の編年を目指して」『全国埋文協会報』四一（全国埋蔵文化財法人連絡協議会事務局　一九九五年三月二十七日付）
「多胡碑の輝き」上・下（上毛新聞社　二〇一一年二月五日・十二日付）

Ⅴ　古代の文字の読み解き方

「偽物（にせもの）・真物（ほんもの）」『歴博』六四号（国立歴史民俗博物館　一九九四年四月）

「手習い事始」『朝日百科　日本の歴史別冊』二〇号（朝日新聞社　一九九五年四月二十日）

「出土文字から地名を読む」上・下（中日新聞社　一九九八年五月二十八日・二十九日付夕刊）

Ⅵ　古代の文字社会

「出土文字資料を追う」『歴博』一七〇号（国立歴史民俗博物館　二〇一二年一月）

「古代日本の文字社会」『文化遺産の世界』五（国際航業株式会社文化財事業部　二〇〇〇年五月）

Ⅶ　新しい歴史像への視点

「多視点から新しい歴史像を描く」『歴博』一〇一号（国立歴史民俗博物館　二〇〇一年六月）

「開発が災害招いた古代の日本」（朝日新聞社　一九九一年十一月十一日付）

「『風土記』の原風景と街・村づくり」上・下（山陰中央新報　二〇〇三年二月七日付・十四日付）

「自然災害からの復興」（山梨日日新聞社　二〇一一年三月二十六日付）

「ひとと自然のかかわりの歴史を問う」『本郷』通巻一〇三号（吉川弘文館　二〇一三年一月）

「「博物館型研究統合」の実践」『歴博のめざすもの　実例集２』（国立歴史民俗博物館　二〇一一年三月）

「井上先生と私」『井上光貞著作集』月報　第一一巻（岩波書店　一九八六年四月）

図版提供・所蔵機関一覧

口　絵

秋田市教育委員会／いわき市教育委員会／宮城県多賀城跡調査研究所／市原市教育委員会／奈良県立橿原考古学研究所附属博物館／石川県埋蔵文化財センター／いわき市教育委員会

Ⅰ　紙に記す

秋田市教育委員会／宮城県多賀城跡調査研究所／一般財団法人奥州市文化振興財団奥州市埋蔵文化財調査センター／秋田市教育委員会／国立歴史民俗博物館

Ⅱ　木に記す

いわき市教育委員会／長野県立歴史館／多賀城市教育委員会／山形県教育委員会／石川県埋蔵文化財センター／佐賀県教育委員会／太宰府市教育委員会

Ⅲ　土器に記す

宮城県多賀城跡調査研究所／木島平村教育委員会／九州歴史資料館／東北歴史博物館／芝山町教育委員会・国立歴史民俗博物館／恵日山明長寺／印旛郡市文化財センター・国立歴史民俗博物館／新宮寺

Ⅳ　金石に記す

市原市教育委員会／東北歴史博物館／宮城県多賀城跡調査研究所／国立歴史民俗博物館／豊田市郷土博物館／高崎市教育委員会

Ⅴ　古代の文字の読み解き方

天理大学附属天理図書館／秋田市教育委員会／石岡市教育委員会／公益財団法人千葉県教育振興財団／宇都宮市教育委員会

Ⅵ　古代の文字社会

石川県埋蔵文化財センター／市原市教育委員会／いわき市教育委員会／芝山町教育委員会・国立歴史民俗博物館

Ⅶ　新しい歴史像への視点

いわき市教育委員会／会津若松市教育委員会／毎日新聞社

おわりに

小書に収めた私の歴史学に対する考え方は、三十年以上かかわってきた博物館という研究環境のなかで醸成されてきたものといえる。

私が勤める国立歴史民俗博物館では、二〇〇七（平成十九）年、あらためて創設当初の原点（初代館長、井上光貞氏構想）に立脚し、新しい研究スタイル「博物館型研究統合」を提唱することにした。

「博物館型研究統合」とは、〈資源〉〈研究〉〈展示〉という三つの要素を有機的に連鎖させ、さらにそれらの要素を国内外の幅広い人々と共有・公開することによって、博物館という形態をもつ大学共同利用機関の特徴を最大限に活かした研究を推進することである。そして、それは新しい展示概念の提唱でもある。〈展示〉は研究成果の公開という〈研究〉の終着点ではなく、そこから再び〈研究〉や〈資源〉へ出発する起点にもなるのである。〈研究〉を〈展示〉に活かして発信するだけではなく、〈展示〉を通して学界や広く社会から受信して研究に活かすことである。

まだ研究半ばではあるが、三十一年間の国立歴史民俗博物館勤務を終えるにあたり、一研究者の軌跡を綴ってみた。この小書が歴史学を志す学生や研究者、国や地域の歴史・文化の実像を知ろうと熱心に学ぶ市民の方々に読んでいただければ幸いである。

また、最後に、私事で恐縮であるが、妻妙子は結婚以来、自分のことは二の次にして、私の研究に寄り添い、常に環境を整えてくれ、小文を為す際には、いつも手厳しく加筆訂正してくれた。その長年の歩みが小著の刊行に結びついたことを記し感謝する。

二〇一四年二月

平川　南

出土《しゅつど》文字《もじ》に新《あたら》しい古代史《こだいし》を求《もと》めて

■著者紹介■

平川　　南（ひらかわ・みなみ）

1943年　山梨県生まれ
1965年　山梨大学学芸学部社会学科卒業。
1990年　文学博士（東京大学）
高校教員、宮城県多賀城跡調査研究所などを経て、
1982年～国立歴史民俗博物館
2005年～2014年３月　国立歴史民俗博物館館長
2005年～山梨県立博物館館長
2014年４月～人間文化研究機構理事
専門は日本古代史
主な著書
『漆紙文書の研究』（吉川弘文館　1989年）角川源義賞受賞。『墨書土器の研究』（吉川弘文館　2000年）、『古代日本の文字世界』（編著　大修館書店　2000年）、『古代地方木簡の研究』（吉川弘文館　2003年）、『全集日本の歴史　第二巻　日本の原像』（小学館　2008年）、『東北「海道」の古代史』（岩波書店　2012年）、『律令国郡里制の実像』（上巻・下巻　吉川弘文館　2014年）など。

2014年４月８日発行

著　者　平　川　　南
発行者　山　脇　洋　亮
印　刷　亜細亜印刷㈱
製　本　協　栄　製　本　㈱

発行所　東京都千代田区飯田橋4-4-8
（〒102-0072）東京中央ビル　㈱ 同成社
TEL　03-3239-1467　振替　00140-0-20618

ISBN978-4-88621-665-6 C1021